KB268857

# 국제회의용어사전

중앙대 국제대학원 통역번역 연구소 지음

1945
문예림

# 집필진

**감수진**: 원종화, 이정순, 왕기맹, 전혜진

## 영어권 집필진

최명근 장혜원 윤미선 서광헌 김지희 박선영 윤석규 조윤선 이미소 김보정 최선희
황미혜 권정희 윤준미 이혁 최진우 이재진  양혜영  정예지  조예숙  김지현  문가화

## 중국어권 집필진

강형석, 김미경, 김보라, 서주연, 안정윤, 여나, 오현경, 이매란, 이세진, 이지은, 이청윤,
임미라, 정설혜

## 러시아어권 집필진

김수라, 안성민, 이송미, 임지연, 전민영, 박마리나


**국제회의용어사전**

초 판 인 쇄 : 2014년 02월 28일
초 판 발 행 : 2014년 03월 10일
저 자 : 중앙대 국제대학원 통역번역 연구소
발 행 인 : 서 덕 일
펴 낸 곳 : 도서출판 문예림
디 자 인 : 디자인콩
등 록 : 1962. 7. 12 제2-110호
주 소 : 서울특별시 광진구 군자동 1-13 문예하우스 101호
전 화 : (02)499-1281~2
팩 스 : (02)499-1283
http://www.bookmoon.co.kr,
E-mail : book1281@hanmail.net


ISBN 978-89-7482-774-8 (13790)
＊잘못된 책이나 파본은 교환해 드립니다.

# 머리말

오늘날 많은 국가에서 높은 경제적 파급효과 때문에 MICE 산업을 적극적으로 육성 중입니다. MICE 산업 중에서도 가장 고부가가치를 창출하는 국제회의 산업은 단순히 국제회의만을 육성하기 위한 업종이 아니고 관광분야는 물론 관련 분야의 모든 업종을 종합화하고 상호간의 시너지 효과를 창출하는 메커니즘을 가지고 있습니다.

국제협회연합(UIA) 발표 자료에 따르면 지난해 전 세계에서 총 1만 498건의 국제회의가 열렸으며, 이 중 한국은 총 563건을 개최해 세계 5위, 시장점유율 5.6%를 차지해 전년 대비 개최 건수 및 점유율에서 모두 20%가 넘는 상승률을 기록했습니다. 한국은 2010년 8위(464건), 2011년 6위(469건)에 이어 작년에도 순위가 한 단계 올라 세계 국제회의 주요 개최지로서 높아진 위상을 보여주고 있습니다.

국제회의 산업이 '굴뚝 없는 황금알을 낳는 산업'으로 각광받는 시점에서 중앙대학교 통역번역 연구소의 『국제회의 용어사전』 편찬은 매우 시의적절하며, 한국어-영어-중국어-러시아어 4개 국어로 편찬된 본 사전은 국내 최초의 시도로써 상징적 의미를 갖는다고 할 수 있습니다.

『국제회의 용어사전』은 국제회의 테마 별 빈도수가 높은 필수적인 용어 파트와 주요 예문 파트로 구성되었습니다. 본 사전의 장점으로는 능동적 사용 지향, 용어의 표준화, 사전 기술 방식의 현대성과 이론적 토대, 사전 기술의 체계성과 통일성, 전문성 그리고 실용성 등을 꼽을 수 있으며, 국제회의에 관한 용어와 용례를 A부터 Z까지 총망라하고 있습니다.

본 사전 발간에 즈음하여 좋은 책을 만들도록 아낌없는 지원을 해주신 문예림 서덕일 사장님, 본 사전 편찬의 집필을 담당한 중앙대 국제대학원 전문통번역학과 7기 졸업생들, 중국어 교정을 맡아준 김보라, 오현경양에게 고마운 마음을 전합니다.

중앙대학교 통역번역 연구소의 『국제회의 용어사전』이 국제회의 현장을 삶의 터전으로 삼고 있는 국제회의 통역사들의 길잡이가 되길, 그리고 통번역 분야와 국제회의 산업 발전에 적지 않은 기여를 하기를 희망합니다.

2013년 11월 15일
중앙대학교 통역번역연구소

# 차례

# 회의
## Assembly

회의

**assembly**        ассамблея (собрание)        集会

콜로키움

**colloquium**        коллоквиум        讨论会

회의

**congress**        конгресс        大会

컨퍼런스

**conference**        конференция:        会议

임시

**special (extraordinary)**        внеочередная~        临时

전세계 회의

**world conference**        всемирная конференция:        世界会议

지역회의

**regional conference**        региональная конференция:        地区会议

### 연례회의
| annual conference | ежегодная конференция: | 年度会议 |

### 국제 회의
| international conference | международная конференция: | 国际会议 |

### 학술회의
| research conference | научная конференция: | 学术会议 |

### 외교회의
| diplomatic meeting | дипломатическое собраице | 外交会议 |

### 협상회의
| negotiating meeting | лереговорное собраице | 谈判会议 |

### 특별회의
| special meeting | особое собраице | 特别会议 |

### 정례회의
| regular conference | очередная конференция: | 定期会议 |

### 차기회의
| forthcoming conference | предстоящая конференция: | 下次会议 |

### 전문회의
| specialized conference | специализированная конференция: | 专门会议 |

원탁회의
round-table | круглый стола | 圆桌会议

~가 끝나다
the ~ is over | ~ закончилась | ~结束

회의 분위기
the atmosphere of a (the)~ conference | атмосфера конференции | 会议氛围

~의 폐회식
closing/final sitting of a (the)~ | (торжественное) закрытие~ | ~的闭幕式

~의 장소
place(location) of a (the) | место проведения | ~的地点

~의 개회식
opening of/opening session(sitting) of | (торжественное) открытие~ | ~的开幕式

~의 프로그램
the program(me)of a(the)~ | программа~ | ~的日程

~의 업무
the work of a (the)~ | работа~ | ~的业务

~의 형식
scope(format)of a (the)~ | рамки~ | ~的形式

~의 구조

| the structure of a (the)~ | структура~ | ~的结构 |

~의 주제

| themes (topics, subjects, subject-matter) of a (the) | тематика~ | ~的主题 |

~의 후원자

| sponsor (organizer) of a (the)~ | спонсор~ | ~的支持单位 |

~의 절차

| the course (procedure) of/ the running of a (the) | ход~ | ~的程序 |

~의 목적

| purpose of a (the)~ | цель~ | ~的目的 |

~의 단계

| stage of work of a (the)~ | этап в работе~ | ~的阶段 |

~에 대해 책임이 있다

| to be responsible for a~ | быть ответственным за ~ | 对~有~责任 |

~를 개최하다

| to host a ~(to be a host country) | быть устроителем ~ | 举办~/召开~ |

~의 업무를 마무리 짓다

| to complete (to conclude) the work of a~ | завершить работу~ | 把~工作做完 |

~를 공식적으로 끝내다

| to close (to conclude, to dissolve) a~ | закрывать конференцию | ~正式结束 |

~를 조직하다

| to organize a~ | организовать~ | 组织~ |

~을 시작하다

| to open a~ | открывать~ | 开始~ |

~을 연기하다

| to postpone a~ | отложмть~ | 推迟~ |

~한 주제를 다루다

| to devote a~to (some subject) | посвятить~ (к. -л. вопросу) | 倾注于~ |

~을 참석하다

| to attend a~ | присуствовать на ~ | 出席~ |

~를 개최하다

| to hold (to run) a~ | проводить ~ | 举办~/召开~ |

**∼의 주최하에**

| | | |
|---|---|---|
| under the sponsorship of… | под руководством (по инициативе) … | 由~主办 |

**∼의 공동주최하에**

| | | |
|---|---|---|
| under the joint sponsorship of… | при совместном руководстве … | 由~共同主办 |

**∼의 후원아래**

| | | |
|---|---|---|
| under the auspices of… | при содействии… | 在~支持下 |

**∼의 (업무를) 계속하다**

| | | |
|---|---|---|
| to continue (the work of) a~ | продолжать работу ~ | 继续~（工作） |

**∼의 진행을 지시하다**

| | | |
|---|---|---|
| to direct the course of a ~ | руководить ходом~ | 指导~的进行 |

**∼을 소집하다**

| | | |
|---|---|---|
| to call (to convene, to summon) a~ | созывать ~ | 召集~ |

**∼을 후원하다**

| | | |
|---|---|---|
| to sponsor a~ | быть спонсором ~ | 支持~/ 赞助~ |

**심포지엄/ 학술대회**

| | | |
|---|---|---|
| symposium (pl. -ia) | симпозиум | 研讨会/学术会议 |

이 학술대회는 콜롬비아 대학교의 후원하에 개최된다.

**E** This symposium will be held under the auspices of the Columbia University.

**R** Этот симпозиум будет проводиться при содействии Колумбийского университета.

**C** 本次学术大会将在哥伦比亚大学的支持下举行。

제 24회 연례 생물학 학술대회는 4월 5일부터 8일까지 테네시 게트린버그에서 열렸다.

**E** The 24th Annual Biology Research Conference was held in Gatlinburg, Tennessee, April 5-8...

**R** XXIV ежегодная биологическая конференция состоялась в Гатлинбурге (штат Теннесси) 5-8 апреля ... г.

**C** 第24届年度生物研究大会将于4月5日至4月8日在田纳西州盖特林堡召开。

국제우주공간위원회 정규회의를 6월 2-7일 개최하기로 결정하였다.

**E** It was decided that the regular COSPAR (Committee of Space Research) congress would be held 2-7 June...

**R** Было решено, что очередной конгресс КИКП (Комитета по исследованию космического пространства) состоится 2-7 июня ... г.

**C** 决定将于6月2至7日召开国际宇宙空间委员会正式会议。

일자를 고려하여 심포지엄을 5월 29~31일에 개최하기로 결정하였다.

**E** Concerning the dates, it was decided that the Symposia would be held 29-31 May.

**R** Что касается сроков, было решено, что симпозиумы будут проведены 29-31 мая ... г.

**C** 考虑到日期，决定于5月29日至31日召开研讨会。

집행위원회는 심포지엄, 소규모 심포지엄 및 패널 회의의 일반적 형식과 내용에 대해 최종적인 책임을 져야만 한다.

**E** The program and executive committees should have the final responsibility for the genral format and content of symposia, mini-symposia, and panel sessions.

**R** Программный и исполнительный комитеты несут ответственность за общее направление работы, за содержание симпозиумов и за совещания специалистов.

**C** 项目和执行委员会应承担研讨会、小规模研讨会、专家小组会议的一般形式和内容的有关责任。

국제생물학연합은 8월 헬싱키에서 제 20차 총회를 개최했다.

**E** The International Union of Biological Sciences held its 20th General Assembly in August in Helsinki.

**R** Международный союз биологических наук провел свою хх генеральную ассамблею в августе в г. Хельсинки.

**C** 国际生物科学联合会于8月在赫尔辛基召开第二十届大会。

세계전자기술회의는 러시아과학학술원과 국제전자기술위원회의 공동 후원아래 6월 21~25일 모스크바에서 개최될 예정이다.

**E** A world electrotechnical congress is to be held in Moscow from June 21 to 25… under the joint sponsorship of the Russian Academy of Sciences and the International Electortechnical Commission.

**R** Всемирный электрохимический конгресс состоится в Москве 21-25 июня … г. Его спонсорами будет Российская академия наук и Международный электротехнический комитет.

**C** 世界电子技术会议在俄罗斯科学学会和国际电子技术委员会共同支持下将于6月21日至25日在莫斯科召开。

제 14회 태평양 과학회의가 8월20일부터 9월 5일까지 하바롭스크에서 '태평양의 천연자원−인류를 위해'라는 주제하에 개최되었다.

**E** The XIV Pacific Science Congress was held in Khabarovsk from 20 August to 5 September with the theme: "Natural Resources of the Pacific Ocean- for the Benefit of Humanity."

**R** X IV Тихоокеанский научный конгресс по теме "Природные ресурсы Тихого океана - на благо человечества состоялся в г. Хабаровске с 20 августа по 5 сентября.

**C** 第14届太平洋科学会议于8月20日至9月5日在哈巴罗夫斯克召开，此次会议主题为"太平洋的自然资源——为人类谋福祉"。

제안된 또다른 학술대회 (우주과학의 미래)는 다른 행사와 동시에 개최해서는 안된다.

**E** Another proposed symposium ("Future of Science in Space") should not be held in parallel with any other event.

**R** Еще один планируемый симпозиум ("Будущее науки и в космосе") не должен совпадать по срокам с к-л. другим мероприятием.

**C** 其他被提议的研讨会（"宇宙科学的未来"）不得与其他活动同期举办。

안보에 관한 회의는 7월 3일 시작되었다.

**E** The Conference on Security opened on 3 July.

**R** Конференция по безопасности открылась 3 июля ... г.

**C** 有关安全的会议于7月3日开始召开。

회의는 10월 18일 부터 21일까지 지속되었다.

**E** The Conference continued from 18 to 21 October

**R** Конференция продолжалась с 18 по 21 октября ... г.

**C** 会议从10月18日至21举行。

회의 개회식과 폐회식때 회의 참석자들은 귀빈으로 초청된 유엔 사무총장의 연설문을 들었다.

**E** During the opening and closing stages of the Conference, the participants were addressed the Secretary-General of the United Nations as their guest of honour.

**R** На церемонии открытия и закрытия конференции к участникам обратился с речью Генеральный секретары Орнанизации Объединенных Наций, которые присутствовал в качестве почетного гостя.

**C** 在会议开幕式和闭幕式的时候，与会者听取了被大会聘为特邀嘉宾的联合国秘书长的演讲。

회의는 8월 1일 공식적으로 끝났다.

**E** The Conference was concluded on 1 August.

**R** Конференция завершила свою работу 1 авгутста ... г.

**C** 会议在8月1日正式结束。

**특별회의 소집 주도권은 조직위원회가 갖는다**

**E** The initiative to convene an occasional conference belongs to the Organizing Committee.

**R** Инициатива по созыву конференции, приуроченной к определенному событию, принадлежит организационному комитету.

**C** 组织委员会拥有召集特别会议的权限。

**규모에 관계없이 모든 협회는 연례 총회를 위해 1년에 한번씩 회원들을 소집해야 한다.**

**E** Every society, whatever its size, must call its members together once a year for an annual general meeting.

**R** Каждое научное общество, назависимо от количества его членов, должно созывать общее собрание не реже одного раза в год.

**C** 无论规模大小，所有协会应每年召集会员，召开一次年度大会。

**러시아 과학학술원이 회의를 주최해야한다고 제안되었다.**

**E** It was suggested that the Russian Academy of Sciences host the meeting

**R** Российская академия наук была предложена в качестве устроителя встречи.

**C** 有人建议俄罗斯科学学会应主办会议。

**러시아 과학학술원이 회의의 주 후원자이자 주최자였다.**

**E** The Russian Academy of Sciences was the main sponsor and organizer of the Congress.

**R** Российская академия наук была главным спонсором и организатором конгресса.

**C** 俄罗斯科学学会是本次会议的支持单位，也是主办单位。

잘 조직된 회의에서는 더 많은 일을 처리하며, 시간낭비를 줄이고, 자유연설과 합리적인 결정을 내릴수 있는 더 많은 기회를 제공한다.

**E** A well-run meeting will get through more business, waste less time and give greater opportunity for free speech and sound decision

**R** Умелое ведение заседания позволит решить большее число вопросов, проидет с меньшей потерей времени и даст большую возможность для свободных высказываний и принятия правильных решений

**C** 高效能会议可以做更多的事，减少浪费时间，为自由演讲和合理决定提供更多的机会。

이번 회의의 주 목적은 다양한 분야의 전문가들에게 정보와 아이디어 교환을 위한 토론의 장을 마련해 주는 것이다.

**E** The main purpose of the Conference is to provide a forum for experts of diverse disciplines to come and exchange information and ideas.

**R** Главная цель конференции - стать форумом для обмена информацией и идеями специалистов различных дисциплин.

**C** 此次会议的主要目的在于为拥有丰富经验的专家搭建交流平台，让他们交换信息和意见。

이번 회의가 과학 기술 분야의 새로운 아이디어의 교환과 성장을 도모하기를 기원합니다.

**E** It is hoped that the Conference will contribute to stimulating cross-fertilization of fresh ideas, and accelerating progress in the field of science and technology.

**R** Есть надежда, что конференция внесет вклад в стимулирование свежих идей и ускорение прогресса в области науки и техники.

**C** 希望此次会议能够促进科技领域积极交流创意并获得蓬勃发展。

# 회의 장소
## Place (location) of a conference

회의 장소

| place (location) of a conference: | место проведения конференции: | 会议地点 |

정확한~

| exact~ | точное~ | 确切的 |

회의 장소 (위치) 변경

| change of the conference place (location) | перемена места проведения конференции | 会议地点变更 |

회의 장소 결정

| to decide (to appoint, to indicate) the place of a conference | назначить место проведения конференции | 决定会议地点 |

~을 인정(승인)하다

| to accept (to approve) ~ | одобрить~ | 接受~/批准~ |

~을 수정하다

| to fix~ | определить~ | 修改~ |

~(장소)에서 회의를 열다 / 주최하다

| to organize/to hold a conference in/at… (some place) | организовать/провести конференцию в … (к.-л. месте) | 举办会议 |

~(장소)에서 회의를 하다

| to meet in/at (some place) for a conference | собраться в … (к. -л. месте) для проведения конференции | 在~进行会议 |

회의 장소는 필라데피아, 일자는 6월 6일에서 13일로 결정됐다.

**E** Philadelphia was indicated as the location and 6-13 June as the date

**R** Местом проведения конференции был утвержден г. Филадельфия, срок проведения конференции -6-13 июля.

**C** 会议将于6月6号至13号在费拉德尔菲亚召开。

<br>

이번 심포지엄의 일자나 위치는 변경이 불가하다.

**E** No change is possible in either the dates or location of the symposium

**R** Сроки проведения симпозиума и место не подлежит пересмотру.

**C** 本届论坛的召开时间与地点不得变更。

<br>

차기 회의 일자와 장소는 사무국과의 협의를 통해 담당자들이 결정할 것이다.

**E** The date and place of the next session will be fixed by the officers (the Bureau) in consultation with the Secretariat.

**R** Сроки и место следующего заседания будут установлены членами бюро конференции по согласованию с секретариатом.

**C** 下届会议时间和地点将由有关负责人与秘书处协商而定。

<br>

의장은 본회의 참가자들에게 이번 회의의 일자와 장소 결정에 많은 이견이 있었음을 공지했다.

**E** The President informed the plenary members that the dates and location of the meeting had been the subject of long discussion.

**R** Президент информировал участников пленарного заседания о том, что сроки и место проведения заседания были предметом долгих дискуссий.

**C** 主席向与会者通知，关于本届会议的召开时间和地点有过许多分歧。

<br>

국제 물 오염 연구 협회는 지난 6월 …일 파리에서 국제 회의를 개최하였다.

**E** The International Association on Water Pollution Research organized the International Conference in Paris in June…

**R** Международная ассоциация по исследованию загрязнения водной среды организовала международную конференцию в Париже в июне … г.

**C** 国际水污染研究协会于6月~日在巴黎召开了国际会议。

··· 위원회는 연례회의위원회를 지난 6월 스톡홀름에서 개최하였다.

**E** Committee on … held its annual meeting in Stockholm in June.

**R** Комитет по исследованию … провел свою ежегодную встручу в июне в Стокгольме.

**C** ~委员会于6月在斯德哥尔摩召开了年度会议。


임시위원회는 국제 지구 물리학의 날을 기념하기 위한 특별 행사를 논의하기 위해 지난 11월 파리에서 회담을 가졌다.

**E** An ad hoc group met in Paris in November to discuss a special event to celebrate the International Geophysical Year.

**R** В Париже в ноябре собралась специальная группа, чтобы обсудить мероприятия по случаю празднования Международного геофизического года.

**C** 临时委员会于11月在巴黎召开会议，就国际地球物理学日的专题纪念活动进行商讨。

# 회의 시간
## Time of the conference



### 회의 일자

| time; date; term (of the conference) | срок (время) (проведения конференции): | 会议日期 |

### 무기한의 ～

| indefinite (sine die)~ | неопределенный~ | 无限期~ |

### 최근의 (시한) ～

| latest (the deadline)~ | предельный (последний)~ | 最近 （截止期限） ～ |

### 정확한～

| exact~ | точный~ | 准确~ |

### 이동 일자

| travelling days | время, проведенное в дороге | 旅程时间 |

### 일자 (시간)의 변동

| change in the date (time) | изменение сроков | 日期 （时间） 变更 |

### 일자 중복

| overlap of the dates | частичное совпадение сроков | 日期重叠 |

### … 까지 회의를 종료하다

| | | |
|---|---|---|
| to end (to finish) a conference by… | закончить конференцию к … | 在~之前结束会议 |

### 회의 일자/시간을 결정하다

| | | |
|---|---|---|
| to decide the date/time of the conference | назначить срок проведения конференции | 决定会议日期/时间 |

### ~을 표기 (지정, 결정)하다

| | | |
|---|---|---|
| to indicate (to appoint, to decide) ~ | наметить~ | 标示（指定、决定）~ |

### ~을 승인하다

| | | |
|---|---|---|
| to approve ~ | одобрить~ | 批准~，核准~ |

### ~를 반대하다

| | | |
|---|---|---|
| to decide against~ | отклонить~ | 反对~ |

### ~을 연기/휴회한다

| | | |
|---|---|---|
| to postpone/adjourn~ | перенести~ | 推迟~，休会 |

### (몇월, 등)에 회의를 개최하다

| | | |
|---|---|---|
| to hold a conference in … (some month, etc.) | проводить конференцию в … (к.-л. время) | 将在~（时间）举办会议 |

### 적당한 시기에 회의를 개최하다

| | | |
|---|---|---|
| to hold a conference in due time | проводить конференцию своевременно | 及时召开会议 |

(몇월, 년, 등)에 회담을 갖다

to meet at some time (in some month, year, etc.) | собраться в к.-л. время | 在某一时间（年、日等）召开会议

일자를 정하다

to fix the date | установить дату | 确定日期

일자 중복을 정정하다

to eliminate the overlap of the dates | устранить совпадение сроков | 解决日期重叠问题

회의 마지막 날을 포함하여

the last day of the conference inclusively | включая последний день конференции | 包括会议的最后一天

일요일과 공휴일을 포함하여

including Sundays and official holidays (or: Sundays and official holidays inclusively) | включая воскресные и праздничные дни | 包括周日和公休日

(충분한 시간을 두고) 사전에

(sufficient time) in advance, in sufficient time in advance so that…. | заблаговременно, достаточно рано, чтобы… | 事先，预先

늦어도

at the latest | не позднее чем (до) | 最晚

다음 회의의 일자와 장소를 정해야 한다.

**E** It is necessary to fix the date and place of the next session.

**R** Необходимо определить сроки и место следующего заседания.

**C** 我们需要确定下次会议的日期和地点。


회의를 무기한으로 연기하자는 의견이 제기됐다.

**E** A proposition was moved to adjourn the meeting sine die.

**R** Было выдвинуто предложение отложить заседание на неопределенный срок.

**C** 有人主张会议应无限期延期。


다음에 회의 참석자들이 연합 회의에 참가할 수 있도록 회의 일정이 잡혔다.

**E** The date of the congress has been selected so that participants can subsequently attend the meeting of the federation.

**R** Сроки проведения конгресса были выбраны таким образом, чтобы его участники смогли затем присутствовать на заседании федерации.

**C** 大会日期已经确定，能够让与会者随后出席联合会会议。


조직위원회는 심포지엄 일자가 중복되지 않도록 주의해야 한다.

**E** The organizing committee should be careful not to allow an overlap of the symposia dates.

**R** Организационный комитет должен позаботиться о том, чтобы не допустить совпадения сроков разных симпозиумов.

**C** 组织委员会应该注意避免研讨会日期重叠


회의 일자와 정확한 장소에 대한 승인은 차기 회기 때 결정될 것이다.

**E** Approval of the dates and exact location of the congress is to be decided at the next session.

**R** Вопрос об одобрении сроков и точного места проведения конгресса предстоит решить на следующем заседании.

**C** 大会日期和确切地点将在下届会议上决定。

유전자 실험 위원회와 그 실무진은 지난 3월 런던에서 회담을 가졌다.

**E** The Committee on Genetic Experimentation and some of its working groups met in London in March.

**R** Комитет по генетическому экспериментированию и некоторые его рабочие группы заседали в Лондоне в марте.

**C** 基因实验委员会和工作小组今年3月份在伦敦召开会议。

4개의 학회가 ~에서 회의를 개최했다.

**E** Four of the Scientific Societies held their Conferences in…

**R** Четыре научных общества провели свои конференции в … г.

**C** 4个学会在~召开了会议。

회의 이후 예정된 저녁 행사 전에 별도의 휴식 시간을 갖도록 하루 회의 일정은 오후 4:30, 또는 오후 5:00시까지 종료하는 것이 바람직하다.

**E** It is recommended to end daily sessions by 4.30 or 5.00 p.m. to permit some leisure before the inevitable evening social events.

**R** Рекомендуется заканчивать дневные заседания к 4.30-5.00 часам дня для того, чтобы дать возможность участникам отдохнуть перед запланирова нными вечерними общественно-культурными мероприятиями.

**C** 为了让参会者在晚会前休息，我们建议在下午4:30至5:00之间结束会议。

국제 생화학 연맹은 총회와 회의를 지난 7월 토론토에서 개최했다.

**E** The International Union of Biochemistry held its General Assembly and Congress in July in Toronto.

**R** Международный союз биохимии провел свою генеральную ассамблею и конгресс в июле в Торонто.

**C** 国际生物化学与分子生物学 联盟于今年7月份在多伦多召开大会和会议。

# 회의 프로그램
## Programme of the conference

프로그램

| | | |
|---|---|---|
| **program** | **программа:** | 日程 |

장기 ～

| | | |
|---|---|---|
| **long-term~** | **долгосрочная~** | 长期~ |

간략한 ～

| | | |
|---|---|---|
| **brief~** | **краткая~** | 简明~ |

과학적인 ～

| | | |
|---|---|---|
| **scientific~** | **научная~** | 科学性~ |

지속적인～

| | | |
|---|---|---|
| **sustained~** | **постоянная~** | 持续性~ |

예비 ～

| | | |
|---|---|---|
| **preliminary~** | **предварительная~** | 预备~ |

확장된 ～

| | | |
|---|---|---|
| **expanded~** | **расширенная~** | 扩展的~ |

협조적 ~

| cooperative~ | совместная~ | 合作的/协助的~ |

강화된 ~

| accelerated~ | ускоренная~ | 强化的~ |

현재~

| current~ | ~на текущий период | 目前~ |

2001년을 위한~

| ~for 2001 | ~на 2001 год | 为2001年~ |

내년을 위한~

| ~for the next year | ~на следующий год | 为明年~ |

~을 수립하다

| to develop a ~ | выработать~ | 制定~ |

~을 검토하다

| to review a~ | пересмотреть~ | 审核~ |

~제안하다

| to offer a~ | предложить~ | 建议~ |

~을 제시하다

| to present a~ | представить~ | 提出~ |

~을 승인하다

**to approve a~**　　　принять(одобрить)~　　　承认/认可~

~을 구상하다

**to draw up(to develop, to elaborate, to arrange) a~**　　　составить~　　　拟定~

그 프로그램은 수정이 가능하다.

**the programme is subject to amendments**　　　в программу могут быть внесены изменения　　　那项计划可以变更

프로그램에 따르면

**according to the programme**　　　по программе (в соответствии с программой)　　　按照计划

최종 프로그램

**final programme**　　　окончательный вариант программы　　　最终计划

프로그램 초안

**draft programme**　　　проект программы　　　计划草案

프로그램에 포함시키다

**to incorporate sth into a programme**　　　включать ч.-л. в программу　　　将~列入计划

실무팀은 중력 생리학에 관한 심포지움을 위한 프로그램을 제작했다.

**E** The working group had developed the Program for the Symposium on Gravitational Physiology.

**R** Рабочая группа разработала программу Симпозиума по гравитационной физиологии.

**C** 工作小组制定出有关重力生理学研讨会的计划。

세계보건기구(WHO) 대표는 WHO 또한 … 연구에 관심을 갖고 있으며 위원회에게 프로그램의 구체적인 내용을 전달하겠다고 말했다.

**E** The representative of the World Health Organization said that WHO was also interested in the study of… and that he would send to the committee details of a current programme.

**R** Представитель Всемирной организации здравоохранения заявил, что ВОЗ также проявляет интерес к исследованиям по … И что он направит в комитет подробности действующей программы.

**C** 世界卫生组织（WTO）代表表示，世卫组织也非常关注…研究项目，而且要向委员会发送研究计划的具体内容。

위원회는 회원국 연합회의 프로그램들을 검토하고 미래의 연구를 위해 여러 개의 제안을 채택했다.

**E** The Committee reviewed programmes of member associations and adopted a number of proposals for future studies.

**R** Комитет пересмотрел программы ассоциаций и принял ряд предложений для будущих исследований.

**C** 委员会审核成员国联合会的计划，并通过了有关未来研究的多项建议。

UN개발 프로그램의 대표들과 토론이 진행되고 있다.

**E** Discussions have been taking place with representatives of the UN Development Programme.

**R** Были проведены обсуждения с представителями программы развития ООН.

**C** 正在与联合国开发计划署代表进行讨论。

국제 지질학 프로그램은 UNESCO와 국제 지질학 연합이 주관하는 협동 연구 프로그램이다.

**E** The International Geological Programme is a cooperative programme of studies organized by UNESCO and International Union of Geological Sciences.

**R** Международная геологическая программа представляет собой совместную программу иследований, проводимых ЮНЕСКО и Международным союзом геологических наук.

**C** 国际地质学项目是以联合国教科文组织和国际地质学联合会共同主办的合作研究项目。

프로그램은 변경될 수 있다.

**E** The programme is subject to amendment.

**R** Возможны изменения программы.

**C** 项目可以变更。

특별 방문 프로그램에 참여하기 위해서는 선 예약이 필요하다.

**E** The programme of special visits has been arranged for which advance reservations are necessary.

**R** Организованы программы посещения для специалистов, трубующие предварительной договоренности.

**C** 要参加特别访问项目，必须预订。

회의의 반 이상은 각 대표단들간의 자유로운 토론으로 진행될 것이니 프로그램을 준비할 때 이 점을 고려해야 한다.

**E** Probably half the value of a conference is derived from the free intercourse of delegates, and this should be remembered in planning the programme.

**R** Вероятно, успех конференции наполовину зависит от свободного общения делегатов, что следует учесть при составлении программы.

**C** 由于会议的一半以上时间将进行各代表团的自由讨论，在制定计划时，应该考虑这一点。

# 회의 초청
## Invite to conference

회의 초청

**초청하다, 초청장을 보내다**

| | | |
|---|---|---|
| **to invite; to extend an invitation** | пригласить: | 邀请；发送邀请函 |

**연사를 초청하다.**

| | | |
|---|---|---|
| **to invite a speaker** | пригласить докладчика | 邀请演讲人 |

**초청할 수 있어서 기쁩니다.**

| | | |
|---|---|---|
| **to have the pleasure(honour) to invite…** | иметь удовольствие (честь) пригласить... | 很高兴能邀请到~ |

**초청국**

| | | |
|---|---|---|
| **inviting country** | приглашающая страна | 邀请国 |

**개최국**

| | | |
|---|---|---|
| **host country** | принимающая страна | 东道国/主办国 |

**초청받은 참가자; 피초청인**

| | | |
|---|---|---|
| **invited participant; invitee** | приглашенный участник (конференции) | 特邀嘉宾；被邀请人 |

**초청:**

| | | |
|---|---|---|
| **invitation:** | приглашение: | 邀请 |

**공식 초청**

| | | |
|---|---|---|
| formal~ | официальное~ | 正式邀请 |

**서면 초청**

| | | |
|---|---|---|
| written~ | письменное~ | 书面邀请 |

**유효한 초청**

| | | |
|---|---|---|
| standing~ | постоянное~ | 有效邀请 |

**구두 초청**

| | | |
|---|---|---|
| oral~ | устное~ | 口头邀请 |

**초청을 거절하다.**

| | | |
|---|---|---|
| to decline(to refuse) an invitation | отказаться от приглашения | 拒绝邀请 |

**～에 초청받다.( ～에 초청장을 받다)**

| | | |
|---|---|---|
| to be invited to…(to receive an invitation to…) | получить приглашение на … | 受到~的邀请 （受到~的邀请函） |

**초청장 수령을 확인하다.**

| | | |
|---|---|---|
| to acknowledge the receipt of an invitation | подтвердить получение приглашения | 确认受到邀请函 |

**초청을 수락하다(조건부)**

| | | |
|---|---|---|
| to accept an invitation (on some condition) | принять приглашение(с оговорками) | 接受邀请 （有条件的） |

초청을 고려하다.

to consider an invitation | рассмотреть вопрос о приглашении | 考虑邀请

초청장을 발송하다.

to send out invitations | рассылать приглашения | 发邀请函

소집장을 발송하다.

to address (to send, to send out) a (letter of) convocation | рассылать извещение о созыве | 发送会议召开通知

대표로 초대하다.

to invite to be represented | предложить послать представителя | 邀请某人为代表

~의 초청을 받아

at(by) the invitation of… | по приглашению … | 应~的邀请

소집하다.

to convene, to summon, to convoke, to call | созвать | 召开

특별회의를 소집하다.

to convene a(n) extraordinary (special) session | ~ на чрезвычайнуью (специальную) сессию | 召开特别会议

조건부 수락

conditional acceptance | принятие с оговорками, условное согласие | 有条件承诺

초청은 위원회의 원칙에 따라 해당 회의 개최 시점으로부터 2년 전에 진행하기 때문에 현재 필요한 조치는 없다.

**E** Since the principle exists in the Committee of considering the invitations only two years before the meeting in question, no action is necessary at present.

**R** Поскольку в соответствии с принципами Комитета приглашения рассматриваются не ранее чем за два года до конкретной встречи, всякие действия в настоящий момент излишины.

**C** 委员会规定，会议举办2年前进行邀请，因此现在不需采取任何行动。

협회는 모든 회원을 저녁 행사에 초청한다.

**E** The Society invites all members to an evening reception.

**R** Научное общество приглашает всех участников(конференции) на вечерний прием.

**C** 协会邀请所有会员参加晚宴。

참가자는 초청장을 지참해서 참석한다.

**E** Participants are kindly requested to bring their invitations with them.

**R** Участников конференции любезно просят иметь при себе приглашения.

**C** 与会者应持邀请函。

협회는 회의 전시회에 여러분들을 초청한다.

**E** The Society cordially invites you to view the exhibits of the meeting.

**R** Научное общество любезно приглашает вас осмотреть экспонаты, подготовленные к настоящему заседанию.

**C** 协会邀请各位参加会议展览会。

바쁘고 저명한 연사를 초청하는 경우, 날짜를 고를 수 있는 선택권을 부여하는 게 좋다.

**E** If a busy and eminent speaker is invited, it will be wise to give him a choice of dates.

**R** В случае приглашения известного докладчика, чье время ограниченно, целесообразно предоставить ему право выбора сроков (встречи).

**C** 邀请著名演讲人时，还是让他选择日期的好。

연사를 초청할 때에는 할당된 발표시간을 알려주어야 한다.

**E** When inviting a speaker always state the length of time he is required to speak.

**R** Приглашая докладчика, всегда указывайте продолжительность его выступления.

**C** 邀请演讲人时应通知发言时间。

# 회의 참석자
## Membership of the conference

**내빈**

| guest: | гость: | 来宾 |

**귀빈**

| distinguished guest | высокий гость | 嘉宾 |

**존경하는 ~**

| ~of honour, honourable/reverent~ | почетный~ | 尊敬的~ |

**대표:**

| delegate: | делегат: | 代表, 代表团成员 |

**최고위의~**

| chief~ | главный~ | 首席~, 最高层 |

**불참인**

| absentee | отсутствующий~ | 缺席人员 |

**공식 ~**

| official~ | официальный~ | 正式, 官方 |

영구적인

| permanent~ | постоянный~ | 永久 |

투표권 없는 ~ /투표권 있는~

| ~without/with a right to vote | ~без права голоса/ с правом голоса | 没有投票权、没有表决权；有投票权、有表决权 |

대표단 명부:

| list of delegates: | список делегатов: | 代表团名单 |

잠정적~

| provisional~ | предварительный~ | 临时的、暂时的 |

대표단을 지명하다

| to name the delegates | перечислить делегатов | 选拔代表团成员 |

대표단

| delegation | делегация: | 代表团 |

대표단장

| head (leader) of the delegation | глава делегации | 代表团团长 |

대표단원 수

| the number of the delegates | количественный состав делегации | 代表团人数 |

주요 대표단을 파견하다

| to send an important delegation | послать многочисленную делегацию | 派遣一个重要的代表团 |

연사; 보고자:

| speaker; reporter: rapporteur | докладчик: | 发言人；演讲者；报告人 |

핵심~

| principal(general)~ | основной~ | 首要的、主要的 |

총회의

| plenary~ | пленарный~ | 全体会议 |

초청~

| invited~ | приглашенный~ | 邀请~ |

연사 명부

| list of speakers | список докладчиков | 发言者名单 |

~를 제출하다

| to submit a~ | представить~ | 提交 |

대리, 대리인

| alternate, deputy, substitute | заместитель, помощник | 代表人员, 代理人 |

재무위원

| treasurer | казначей | 财务主任、会计、司库 |

**자문 위원**

| | | |
|---|---|---|
| consultant | консультант | 顾问 |

**지정 언론인:출입기자**

| | | |
|---|---|---|
| accredited journalist | аккредитованный корреспондент | 特派记者 |

**참관인**

| | | |
|---|---|---|
| observer | наблюдатель: | 观察员 |

**참관인 자격으로**

| | | |
|---|---|---|
| in the capacity of an observer | в качестве наблюдателя | 以观察员身份 |

**참관인 자격으로만 참석하는데 동의하다**

| | | |
|---|---|---|
| to agree(accept) to attend only as (in the capacity of) observer | согласиться участвовать только в качестве наблюдателя | 同意仅以观察员身份参加会议 |

**불참자**

| | | |
|---|---|---|
| absentee | отсутствующий | 缺席者 |

**(외교상의) 전권 대사**

| | | |
|---|---|---|
| plenipotentiary | полномочный | 全权代表 |

**대표**

| | | |
|---|---|---|
| representatives | представитель: | 代表 |

공식~

| official~ | официальный~ | 正式的、官方的 |

대리인 자격을 허용하다

| to accept to be represented | согласиться быть представленным | 授予代理人资格 |

대표(참관인)으로 위임하다

| to appoint as delegate(observer) | назначить представителем (наблюдателем) | 委派代表 (观察员) |

임명되다 (지정되다)

| to be appointed(designated) | быть назначенным представителем | 被指派为(被指定为)代表 |

대표성

| representation | представительство | 代表权，代表 |

~의 변화

| changes in~ | изменения в~ | ~的变化 |

비례하는~

| proportional ~ | пропорциональное~ | 按比例 |

균형 잡힌~

| balanced ~ | уравновешенное распределение (представительство) | 均衡 |

~를 대표하는

| to represent | представлять: | 代表~ |

~할 권리를 부여받은

| to be authorized to ~ | быть уполномоченным ~ к.-л | 受权~ |

적절한 절차에 따라 공인된

| duly authorized | должным образом уполномоченный | 正式被指派，经正式授权的 |

대표자로 지명되다

| to be instructed to represent | назнацен представителем | 奉命代表 |

출석, 참석

| attendance | присутствие, участие | 出席、参加 |

참석하는, 참석해서 …

| to attend | присутствовать | 参加~ |

수행원, 안내원 / 참석자

| attendant, attendee | присутствующий на заседании | 随员/出席者 |

회계 감사관

| auditor | ревизор | 审计员 |

(법률) 고문

| (legal) adviser | (юридический) советник, юрисконсульт | (法律)顾问 |

기술 고문

| technical adviser | технический советник | 技术顾问 |

동반인

| accompanying person | сопровождающее лицо | 陪同人员 |

전문가를 초빙하다

| to bring experts | прибыть в сопровождении экспертов | 邀请专家 |

회의 구성 요소

| composition of the conference | состав конференции | 会议组成部分 |

참가하는, 참가해서…

| to participate; to take part: | участвовать: | 参加~ |

착석해서

| ~in a sitting | ~в заседании | 就坐 |

…로서, …의 자격으로[입장에서]

| ~in the capacity of … | ~в качестве | 作为~、以~的身份 |

착석하는 것을 거절[거부]하다 / 승낙하다

| to refuse/ to agree to take part in a sitting | отказаться/согласиться ~ в заседании | 拒绝出席会议/答应出席会议 |

~에 참석이 불가하다

| … is unable to take part in (to attend) the … | не имеет возможности участвовать (присуствовать) | 不能参加~ |

참가, 참여

| participation: | участие: | 参与、加入、参加 |

결석자, 불참자

| absentee~ | заочное~ | 缺席者 |

부분 ~

| partial~ | неполное~ | 部分的/局部的 |

가득 찬~, 만원의~

| full~ | полное~ | 坐满 |

폭넓은~, 다양한~

| wide~ | широкое~ | 广泛、多种多样 |

참가절차, 순서

| procedure of participation | порядок участия | 参加流程 |

**신청자, 희망자, 지원자**

| applicant | податель заявления (на участие в конференции) | 申请人 |

**참가자, 관계자;회원, 구성원**

| participant; member: | участник: | 有关人士、成员 |

**등록된~**

| registered~ | зарегистрированный~ | 注册、登记 |

**정회원, 정~**

| full~ | полноправный~ | 正式会员、正式~、定员的 |

**초대~, 초청객**

| invited~;invitee(n) | приглашенный~ | 邀请、被邀请者 |

**구성원**

| member | член (участник) | 会员、成员 |

**구성원의 수**

| the number of members | количество членов | 会员数、成员数 |

**호선 회원**

| co-opted member | кооптированный~ | 增选委员、互选会员 |

**수석위원**

| the senior member | старший ~ | 资深委员 |

최고령~

| the oldest member | старший по возрасту ~ | 资格最老的委员、最高龄 |

위원회 위원, 위원회 구성원

| member of a commission | член коммссии | 委员会委员 |

종신 회원

| life-member | пожизненный член | 终身会员 |

정회원

| full-fledged member | полноправный член | 正式会员，全权会员 |

[패널 토론의] 토론자

| panelist, panel member | оппонент | 讨论者、小组成员 |

투표권 있는

| with a right to vote | ~с правом голоса | 有投票权 |

투표권 없는

| without a right to vote | ~с совещательным голосом | 无投票权、无表决权 |

위원회에서 일하다

| to serve on (a board) | быть членом (правления) | 在（理事会）中担任理事、在委员会工作 |

(회원 또는 구성원의)증원

| to increase( to augment, to enlarge) the number of members | увеличить количество членов | 增加~的成员(会员) |

회의 참석자

### 권리를 가진 회원

**member as of right** | (быть) автоматически членом | 当然会员、法定代表

### 회원자격

**membership (status of member)** | членство | 会籍、会员资格

### 전문가

**expert** | эксперт | 专家

### 대표단에 포함된 전문가

**expert attached to a delegation** | эксперт при делегации | 代表团专家

### 공식자격으로

**in an official capacity** | в официальном порядке | 以官方身分

### 비공식자격으로

**in an unofficial capacity** | в неофициальном порядке, не официально | 以非官方身分

### 개인자격으로

**in a private capacity** | частным образом | 以私人身份

### 고문자격으로, 자문위원으로서

**in an advisory capacity, as a consultant** | в совещательном порядке, в качестве советника | 以顾问身份

**직무상의, 직권에 의한**

| ex officio | "ex officio" | 依据职权 |

**지리적 분포**

| geographical distribution | географическое распределение | 按地域分配, 地理分布 |

**3자로 이뤄진, 3부로 된**

| tripartite | трехстороннее | 三方面(制), 分成三部分的, 一式三份的 |

**3, 4, 5, 강국….**

| 3, 4, 5, Power... | 3, 4, 5 держав | 三、四、五国 |

의장은 발표자와 참관인들을 소개했다.

**E** The Chairman presented the main speakers and invited observers

**R** Председатель представил основных докладчиков и приглашенных наблюдателей.

**C** 主席先生介绍了演讲嘉宾和各位观察员。


B 박사님께서는 건강상의 이유로 참석을 하지 못했다.

**E** Dr. B. was not able to attend for health reasons.

**R** Д-р Б. не смог присутствовать из-за белезни.

**C** B先生因健康原因未能参加会议。


모든 협력 단체에게 토론 참여자 명단을 제출할 것을 제안하였다.

**E** All sister societies are invited to name delegates for the discussion

**R** Всем родственным научным обществам предложено представить поименный список делегатов для участия в дискуссии.

**C** 向所有协作单位建议提交评论者名单。


국제우주과학위원회(COSPAR)와 관련된 12개의 국제 과학 연합중 7개 단체가 마지막 총회에 참석하였다.

**E** From twelve International Scientific Unions adhering to COSPAR seven had their representatives at the final plenary session.

**R** Семь из двенадцати международных научных союзов, относящихся к Комитету по исследованию космического пространства, были представлы на заключительном пленарном заседании.

**C** 与国际空间研究委员会相关的12个国际科学联盟中的7个团体参加了最后一次全体会议。


초대게스트인 M 교수님께서 논문을 발표해 주시겠습니다.

**E** Prof. M. is an invitee and will be presenting a paper.

**R** Проф. M. является приглашенным участником и представит свой доклад.

**C** 请被邀嘉宾M教授发表论文。

러시아에 오신 참석자 여러분들을 환영하는 바입니다.

**E** We are pleased(happy) to welcome the Congress participants in Russia.

**R** Мы счастливы приветствовать участников конгресса в России.

**C** 我谨向访问俄罗斯的各位来宾表示热烈的欢迎。

N교수님을 포함한 총회참가자들은 회의주최측에 깊은 감사의 마음을 표했다.

**E** The attendees of the plenary session joined Prof. N. in expressing feelings of gratitude and appreciation to the hosts.

**R** Присутствующие на пленарном заседании поддержали проф. Н., выразив чувства благодарности и признательности устроителям (конференции). N

**C** N教授以及其他大会参加人士都向主办方表示感谢。

유엔 사무총장께서 참가자들 앞에서 연설을 해주셨습니다.

**E** The conference participants were addressed by the Secretary General of the United Nations.

**R** К участникам конференции обратился (с приветствием) генеральный секретарь ООН.

**C** 参加会议的人都听取联合国秘书长的讲话。

기존의 특별위원회 위원들을 포함해서 다수의 과학자들이 새로운 실무팀에 참가하기로 결정했습니다.

**E** It was decided that the membership of the new working group should include the former ad hoc group members plus a number of additional scientists.

**R** Было решено, что в новую рабочую группу должны войти все бывшие члены специальной группы, а также еще несколько ученых.

**C** 经决定，新的工作小组应将前特别小组成员和其他一些科学家包括在内。

올해 회의는 라 플라타(La Plata) 대학에서 11월 28일에서 12월 3일 까지 개최 되었으며 70여개 국이상에서 파견된 325명의 대표가 참석했습니다.

**E** This year's meeting was held at the University of La Plata on November 28 - December3, and was attended by 325 representatives of over 70 countries

**R** Нынешняя ежегодная встреча состоялась в Университете Ла Плата с 28 ноября по 3 декабря. На ней присутствовало 325 представителей из более чем 70 стран.

**C** 今年的会议从11月28日到12月3日在拉普拉塔大学召开，来自70余个国家的325名代表参加了会议。

단 하루만 회의에 참석하길 원하시는 분께는 지정하신 날짜에 전 회의 일정 참가등록 회원과 동일한 혜택을 누리실 수 있는 특별히 마련된 회비제도가 있습니다.

**E** For those who wish to attend the Conference for one day only, there is a special charge which provides, on the chosen day, facilities equivalent to a full registration.

**R** Для желающих участниковать в конференции только один день предусмотрен особый взнос, который обеспечивает обслуживание в указанный день на уровне участия в полной программе.

**C** 针对希望只参加一天会议的人，可缴纳特殊会费，在指定的日期可与全程参会人员享受同等的待遇。

정회원, 학생회원 그리고 준회원으로 구분된 총 세 종류의 회원권이 준비되어 있습니다.

**E** Membership will be in three categories: full members, student members, and associate members.

**R** Предусмотрено членство трех категорий: полноправные члены, члены стажеры и члены с ограниченными правами.

**C** 会员可分为正式会员、学生会员以及准会员三种。

28세 이하의 학생신분인 비회원들은 ***을 내시면 회의에 참가하실 수 있습니다. 본 회비를 내시면 회의 유인물도 무료로 제공됩니다.

**E** Non-members, who are research students and are under 28 years of age, may register for the conference at a charge of ⋯ This fee includes the conference publication.

**R** Стажеры моложе 28 лет, не являющиеся членами, могут зарегистрироваться для участия в конференции, заплатив взнос в размере … В этот взнос входит стоимость публикаций конференции.

**C** 非会员中未满28岁的学生参加会议时要缴纳~。缴纳会费的可免费领取会议资料。



발표자들은 사실에 바탕한 내용을 간략하게 발표해야 하며 사견은 삼가해 주시길 바랍니다.

**E** The speakers should be brief, factual and avoid personal opinion.

**R** Докладчики должны говорить кратко, придерживаясь фактов и избегая личных пристрастий (в оценках).

**C** 发表应简洁，内容要符合事实，不要发表个人看法。

대표자 인원수는 상황에 따라 변경될 수 있습니다.

**E** The number of delegates allowed will depend upon circumstances.

**R** Число делегатов будет зависеть от обстоятельств.

**C** 代表人数将视情况而定。

2일 이상 회의에 참석하길 희망하시는 분들께서는 전 회의 일정 참가등록비를 납부해 주시길 바랍니다.

**E** Those wishing to attend on two or more days are requested to pay the appropriate fulltime registration fee.

**R** Желающих присуствовать на конференции два дня или больше просят оплатить регистрационный взнос полностью.

**C** 想参加两天以上会议的人应缴纳全额参会费。

소규모 심포지움이 참석자들에게 열렬한 환호를 받았습니다.

**E** The mini-symposium has been received enthusiastically by attendees.

**R** Мини-симпозиум был с энтузиазмом воспринят участниками.

**C** 小规模研讨会赢得了与会者的热烈响应。

참석자 분들께서는 정해진 기간내에 등록하실 수 있습니다:⋯

**E** Attendees may register during the following hour:⋯

**R** Присутствующие могут зарегистрироваться в указанное время: ...

**C** 参会人员应在规定的时间内注册：

위원회 모임을 제외하고 연사는 착석할 수 없습니다.

**E** Except at a committee meeting, the speaker should stand.

**R** Докладчик всегда должен стоять, исключая заседания комитета.

**C** 除委员会会议以外，主讲人应站着演讲。

# 회의 참가자 등록
## Registration

**설문지**

| | | |
|---|---|---|
| questionnaire; form | анкета, бланк | 调查问卷, 调查表 |

**설문항목**

| | | |
|---|---|---|
| form questionnaire entries: | пункты анкеты: | 提问项目 |

**국적**

| | | |
|---|---|---|
| citizenship | гражданство | 国籍 |

**생년월일**

| | | |
|---|---|---|
| date of birth | дата рождения | 出生日期 |

**현재 직위**

| | | |
|---|---|---|
| position held | занимаемая должность | 职位 |

**직함**

| | | |
|---|---|---|
| title | звание(ученое) | 职称 |

**이름 성**

| | | |
|---|---|---|
| first name surname | имя, фамилия | 名字/姓 |

**설문지 작성**

| | | |
|---|---|---|
| to write(to complete, to fill in a form) (in typescript/block letters) | заполнять анкету (печатными буквами) | 填写问卷 |

**(등록)비: 회비**

| | | |
|---|---|---|
| (registration) fee: | взнос (регистрационный): | 注册费 |

**등록~**

| | | |
|---|---|---|
| enrollment~ | вступительный ~ | 注册 |

**회원~**

| | | |
|---|---|---|
| membership~ | членский ~ | 会员 |

**회비납부영수증**

| | | |
|---|---|---|
| registration membership paid receipt | квитанция об уплате членского взноса | 会费收据 |

**등록비 납부**

| | | |
|---|---|---|
| to pay a registration fee | вносить вступительсный взнос | 缴纳注册费 |

**등록비 면제**

| | | |
|---|---|---|
| to exempt from paying a registration fee | освободить от уплаты взноса | 减免注册费用 |

**등록비를 송금하다**

| | | |
|---|---|---|
| to mail a fee | послать взнос по почте | 将注册费汇到~ |

등록비 책정

| to establish a registration fee | установить размер взноса | 确定注册费 |

등록하다

| to register | зарегистрироваться | 注册，注册于～ |

적시에 등록되다

| to be duly inscribed | своевременно зарегистрироваться | 在规定的期间内注册 |

등록시 제공되는 물품

| items to be handed at the registration | предметы, вручаемые во время регистрации: | 注册时所提供的物品 |

배지; 핀

| badge; pin | значок | 徽章、别针 |

폴더

| folder | папка | 文件夹 |

파일

| file | комплект документов в папке, файл | 文件 |

명찰 명패

| name-plate | планка с фамилией участника | 胸卡, 胸牌 |

회의 참가자 등록

서류 가방

brief-case; bag      портфель      文件包

안내서

handbook      справочник (участника конференции)      手册

등록 담당자

registration officer      регистратор      注册负责人

등록 카드

registration card      регистрационная карточка:      注册卡

떼어낼 수 있는~; 탈착형

detachable~      отрывная ~      可分开的~

등록

registration      регистрация:      注册

사전~

advance~      предварительная ~      事前~

~데스크

~desk      бюро регистрации      ~服务台

~장소 및 시간

location and hours of~      место и время ~      ~地点和时间

| ~규정 | | |
| --- | --- | --- |
| regulations for~ | правила ~ | ~规定 |

| ~을 취소하다 | | |
| --- | --- | --- |
| to cancel~ | аннулиовать регистрацию | 取消~ |

| ~을 종료하다, ~을 마감하다 | | |
| --- | --- | --- |
| to end~ | кончать ~ | 终止~ |

| ~을 시작하다 | | |
| --- | --- | --- |
| to start ( to begin)~ | начинать ~ | 开始~ |

| ...에서 ~가 진행되다 | | |
| --- | --- | --- |
| ~takes place in... | регистрация проходит в ... | 在（地方）进行~ |



| 증명서: 신분증 | | |
| --- | --- | --- |
| certificate | удостоверение | 证明书，身份证 |

| ~등록 | | |
| --- | --- | --- |
| ~of registration | регистрационное ~ | 注册~ |

| 참석자: 회원 | | |
| --- | --- | --- |
| participant: member | участник | 与会者，会员 |

| 참석자 등록번호 | | |
| --- | --- | --- |
| registration number of a participant | регистрационный номер участника | 参会者注册号 |

등록자:

| registrant: | участник, подающий заявление о регистрации: | 注册人 |

예상되는

| prospective~ | предполагаемый ~ | 预期的 |

장애우 참석자

| handicapped~ | участник-инвалид | 残疾人参会者 |

사전 등록자

| pre-registrant | ~, прибывший до начала регистрации | 预先注册者 |

회의에 등록하다

| to register at the congress | записаться на конгресс | 会议注册 |

회기의 (시작에, 마지막에) 대체되다

| to be replaced for (at the beginning, the end of) the session | быть замещенным в начале (в конце) сессии | 本届会议（开始时，结束时）被替换 |

회의장 내로의 접근을 금지하다

| to forbid access to the body of the hall | запретить доступ в зал | 禁止进入会场 |

▶ 전 회의 일정 참석을 위한 등록비는 35달러 입니다.

**E** The registration fee will be $35 for full participants.

**R** Регистрационный взнос для полноправного участника будет равняться 35 долларам.

**C** 参加全程会议的注册费为35美元。

▶ 등록비는 등록 장소에서 납부할 수 있습니다.

**E** Registration fee can be paid at the place of registration.

**R** Регистрационный взнос можно заплатить на месте регистрации.

**C** 注册费可在会议注册处缴纳。

▶ 참석자 등록은 6월 5일부터 모스크바 대학 본관에서 진행됩니다.

**E** Registration of the participants starts on June 5,··· in the main building of Moscow University.

**R** Регистрация участников начнется 5 июня ... г. в главном здании Московского университета.

**C** 6月5日在莫斯科大学主楼开始会议注册。

▶ 등록을 위해서는 등록 데스크에 등록비 납부 영수증을 제시해야 합니다.

**E** To be registered one should produce the registration fee paid receipt at the registration desk.

**R** Во время регистрации следует предъявить квитанцию об уплате членского регистрационного взноса.

**C** 参会人需持参会注册费收据到注册处报到。

▶ 참석자 유형에 따라 등록비가 상이하게 책정 되었습니다.

**E** Different categories of the registration fee have been established for different categories of participants.

**R** Установлены различные виды регистрационного взноса для разных категорий участников.

**C** 根据参会人的类别，注册费有所不同。

► 등록은 ~에서 할 수 있습니다.

**E** Registration will take place at…

**R** Регистрация будет проходить в …

**C** 注册登记工作将在~进行。

► 모든 회의 회원들은 회의 조직위원회에서 등록을 해야 합니다.

**E** All Congress members must register at the Congress office.

**R** Все участники конгресса должны зарегистрироваться в Оргкомитете конгресса.

**C** 所有参会人员需前往大会办公室注册。

► 초청 게스트들은 등록비가 면제 됩니다.

**E** Invited guests are exempt from registration fees.

**R** Приглашенные гости освобождаются от уплаты регистрационного взноса.

**C** 特邀嘉宾免收会议注册费。

► 각 참석자들에게 등록시 회원증을 제시할 것을 요청합니다.

**E** Each participant will be asked to show his current membership card on regsitration.

**R** При регистрации каждого участника просят предъявить членскую карточку.

**C** 每位参会人员在注册时需出示有效会员证。

► 등록비와 추가 특별 회비는 가급적 등록 양식에 동봉 된 여행자 수표로 납부해주시기 바랍니다.

**E** Payment of registration fee and additional special fee should preferably be made by travellers cheque enclosed with the registration form.

**R** Оплату регистрационного взноса и дополнительного специального взноса лучше сделать с помощью аккредитива, вложенного вместе с регистарационной формой.

**C** 注册费和其他额外费用最好用随注册表所付的旅行支票支付。

사전 등록 없이 회의장에 도착한 외국 참석자들은 등록 양식 작성 및 등록비 납부, 서류 및 배지 수령을 위해 "사후 등록 부서"를 방문해야 합니다.

**E** Foreign participants arriving at the Congress without preliminary registration should apply to the "Late registration department" to fill in registration forms, pay the fee and receive documents and badges.

**R** Иностранные участники, прибывшие на конгресс без предварительной регистрации, должны обращаться в "Отдел регистрации для опоздавших" для заполнения регистрационных форм, оплаты взноса и получения документов и значков.

**C** 未预先注册的外国参会人员应到"逾期注册处"填写注册表，缴纳会费，并领取会议资料和代表证。

등록 취소시 등록비의 50%가 환불됩니다.

**E** In the event of cancellation of a registration, 50% of the registration fee will be refunded.

**R** В случае аннулирвания регистрации возвращается 50% регистрационного взноса.

**C** 取消注册时，可退还50%的注册费。

각 참석자들에게 회의 입장 배지가 제공되며 참석자들은 회의 기간 내내 이 배지를 착용해야만 합니다.

**E** An admission badge will be provided for each participant which will authorize access to sessions and must be worn throughout the conference period.

**R** Каждому участнику будет вручен значок-пропуск, разрешающий доступ на заседания, которые следует носить в течение всего срока конференции.

**C** 每位参会人员须在会议期间佩戴代表证（胸牌），方可进入会场。

▶ 사전에 통보해주시면, 장애우 참석자를 위해 가급적 준비 조치를 취하도록 하겠습니다.

**E** Whenever possible, we will make arrangements for handicapped registrants if we receive advance notice.

**R** По возможности будет оказано содействие инвалидам, участвующим в конференции, если мы получим заблаговременное уведомление.

**C** 如果事先接到通知，我们将尽量为残疾人与会者做好安排。

▶ 회의에 참석하는 모든 분들은 등록 절차를 거쳐야 하며 해당 등록비를 납부해야 합니다.

**E** Everyone attending the conference is required to register and pay the appropirate fee.

**R** Каждый участник конференции должен зарегистрироваться и заплатить соответствующий взнос.

**C** 所有参会人员须注册并缴纳注册费。

▶ 회의 배지가 회의 행사 입장권으로 사용됩니다.

**E** The congress badge serves as admission to the events of the congress.

**R** Значок конгресса служит пропуском на все мероприятия конгресса.

**C** 会议代表证（胸牌）是参与大会活动的通行证。

▶ 참석자들은 모든 인쇄 자료, 회의 배지, 예약 티켓과 현재 행사에 대한 정보들이 담긴 회의 폴더를 수령하게 됩니다.

**E** Participants will receive a congress folder containing all printed material, congress badge, prebooked tickets and information about current events.

**R** Участники получат папку, содержащую все печатные материалы, значок конгресса, заранее заказанные билеты и информацию о текущих событиях.

**C** 参会代表将领取到一个装有所有会议资料、徽章、预约票和会议活动信息的资料夹。

발표자들이 시청각 자료를 준비할 때 참조하실 수 있게 소책자, "연사 지침서"가 동봉되어 있습니다.

**E** A copy of the booklet "Handbook for speakers" is enclosed, to which authors are asked to refer when preparing their visual aids.

**R** В папку вложен экзампляр буклета "Справочник для докладчика", который рекомендуется использовать при подготовке наглядных пособий.

**C** 我们同时附上了"演讲者手册"，以供演讲者准备视频资料时参考。

모든 등록자는세션별 발표자료가 담긴 소책자를 수령하게 됩니다.

**E** Each full registrant will receive a handbook detailing the final content of the sessions.

**R** Каждый полноправный участник получит буклет с уточненной повесткой дня заседаний.

**C** 每位全程参会人员将领取到一个含有会议详细资料的手册。

조직 위원회는 공지사항을 적시에 전달하고 개별연락을 통해 사무국과 잠정 등록자 사이 지속적인 연락 관계를 유지해야한다.

**E** Organizing Committee is to ensure full communication between Secretariat and prospective registrants through well-timed and informative announcements and personalized correspondence.

**R** Организационный комитет должен обеспечить бесперебойную связь между секретариатом и предполагаемыми участниками посредством своевременных и информативных объявлений и личной корреспонденции.

**C** 组织委员会将通过及时的信息通告和个人通信往来, 确保秘书处与有意注册者的充分沟通。

회의 등록 및 모든 특별 세션은 호텔에서 진행됩니다.

**E** Conference registration and all special sessions will be held at the hotel.

**R** Регистрация участников конференции и все специальные заседания будут проходить в гостинице.

**C** 会议注册和所有技术会议均在酒店进行。

7월1일 이후 등록 취소시에는 등록비는 환불 되지 않으며, 회의 자료들은 등록자에게 발송될 것입니다.

**E** In the event of cancellation of a regsitration after July 1, refunds will not be made but the conference publication will be sent to the registrant.

**R** Если регистрация аннулируется после 1-го июля, то регистрационный взнос не возвращается, однако труды конференции рассылаются.

**C** 7月1日以后取消注册时，将不予退还注册费，但是会议的全套会议资料会邮寄上门。

# 회의 실무 조직
## Conference working groups

**그룹**

| | | |
|---|---|---|
| **group:** | **группа:** | 小组 |

**실무~**

| | | |
|---|---|---|
| **working~** | **рабочая ~** | 工作~ |

**상설~**

| | | |
|---|---|---|
| **permanent~** | **постоянная ~** | 常设~ |

**임시의 ~**

| | | |
|---|---|---|
| **ad hoc~** | **специальная ~** | 临时~ |

**연구; 조사~**

| | | |
|---|---|---|
| **study~** | **~ по излучению ...** | 研究, 调查 |

**논의~**

| | | |
|---|---|---|
| **discussion~** | **~ для обсуждения** | 讨论~ |

**위원회**

| | | |
|---|---|---|
| **committee; commission:** | **комиссия:** | 委员会 |

회의 실무 조직

자격증

| credentials | мандатная ~ | 资格证 |

회계감사

| auditing~ | ревизионная ~ | 审计 |

선정 위원회

| selection committee | ~ по отбору докладов | 选拔委员会 |

위원회 위원으로 일하고 있다.

| to sit on a commission | заседать в комиссии | 作为委员参加某委员会 |

임명하다(구성하다)

| to appoint(to establish) | создать комиссию | 任命（设立） |

S씨 책임하의 ~

| a ~under Mr. S. | под председательством г-на С. | S先生的属下 |

분과위원회

| sub-committee(sub-commission) | подкомиссия | 小组委员会 |

위원회

| committee: | комитет: | 委员会 |

주된~, 주요한~

| main~ | главный~ | 主要~ |

임시~

| interim~ | временный ~ | 临时~ |

여성~

| Ladies'~ | женский ~ | 女性 |

집행~

| executive~ | исполнительный ~ | 执行~ |

자문~

| advisory~ | консультативный ~ | 咨询, 顾问~ |

합동; 공동~

| joint~ | межведомственный ~ | 联合~ |

지역~

| local~ | местный ~ | 地区 |

과학~: 학술~

| scientific~ | научный ~ | 科学的 |

조직~

| organizing~ | организационный ~ | 组织 |

회의 실무 조직

| | | |
|---|---|---|
| 특별~ | | |
| special | особый ~ | 专门~ |
| 준비~ | | |
| preparatory~ | подготовительный ~ | 筹备~ |
| 상설~ | | |
| standing~ | постоянный ~ | 常设~ |
| 명예~ | | |
| "honorary~patrons, committee of honour" | почетный ~ | 名誉，荣誉 |
| 프로그램~ | | |
| programme~ | программный ~ | ~日程，项目 |
| 편집(기안)~ | | |
| editorial(drafting)~ | редакционный ~ | 编辑（起草） |
| 운영~ | | |
| steering(guiding)~ | руководящий ~ | 指导~ |
| 특별~; 패널~ | | |
| ad hoc; panel~ | специальный ~ | 特设~、专门~ |
| 재정~; | | |
| finance~ | финансовый ~ | 财政~ |

혼합~

| mixed~ | смешанный ~ | 混合~ |

조정~

| co-ordination~ | ~ по координации | 协调 |

후보선정~

| nominations~ | ~ по отбору кандидатура | 提名候选人 |

부대행사~

| hospitality~, reception~ | ~ по приемам | 接待 |

법률문제 위원회

| Committee of legal (juridical) questions | юридический комитет | 法律委员会 |

예산~

| budget~ | бюджетный~ | 预算~ |

연락~,연락담당자

| liaison~ | ~ связи | 联络~ |

직원

| staff | ~ персонала | 工作人员 |

전문가 결의

| resolution of experts | ~ по резолюциям экспертов | 专家决议 |

대표단장 위원회

| | | |
|---|---|---|
| **Committee of heads of delegations** | **Комитет глав делегаций** | **团长委员会** |

~를 임명하다

| | | |
|---|---|---|
| **to appoint a ~** | **назначить ~** | **~任命为~** |

~를 구성하다, 조직하다

| | | |
|---|---|---|
| **to set up(to organize, to create, to establish) a ~** | **организовать (учредить) ~** | **设立~** |

~를 해산하다

| | | |
|---|---|---|
| **to dissolve a ~** | **прекратить** | **解散~** |

위원회에 참석하다

| | | |
|---|---|---|
| **to sit on a committee** | **принимать участие в работе комитета** | **出席委员会, 参加委员会** |

~이 …으로 구성되다

| | | |
|---|---|---|
| **~ is composed of …** | **… состоит из …** | **~由~组成** |

위원회에 ~임무를 위임하다

| | | |
|---|---|---|
| **to entrust a committee with** | **передать в комитет** | **向委员会委托~任务** |

위원회에 ~임무를 맡기다 (배정하다)

| | | |
|---|---|---|
| **to assign a task to a committee** | **поручить комитету** | **让~委员会负责~ 任务** |

**분과 위원회**

| sub-committee: | подкомитет | 小组委员会 |

**기구; 위원회**

| body; committee | орган: | 机构 |

**보조~**

| auxiliary(subsidiary)~ | вспомогательный ~ | 辅助机构, 附属机构 |

**상위~**

| superior~ | бысший ~ | 上级~, 高级~ |

**집행~**

| executive~ | исполнительный ~ | 执行~ |

**소속~**

| subordinate~ | подчиненный ~ | 附属于~ |

**상설~**

| standing(permanent)~ | постоянный ~ | 常设~ |

**운영~**

| steering(governing)~ | руководящий ~ | 引导~ |

**자문~**

| advisoy~ | совещательный ~ | 咨询~ |

모체~, 모~

| parent~ | вышестоящий ~ | 母~, 上级~ |
|---|---|---|

적합한~

| appropriate~ | надлежащий~ | 适合（于）~ |
|---|---|---|

진상 조사~

| fact-finding~ | ~по расследованию | 实情调查 |
|---|---|---|

정책입안~

| policy-making~ | ~по выработке директив | 制定政策 |
|---|---|---|

이사회

| board | правление | 理事会 |
|---|---|---|

협의회

| council: | совет: | 协商会议 |
|---|---|---|

실행~; 집행~

| executive~ | исполнительный ~ | 执行 |
|---|---|---|

재판소

| court (of justice) | суд: | 法庭, 法院 |
|---|---|---|

중재재판소

| arbitration tribunal | третейский~ | 仲裁法庭 |
|---|---|---|

**중재법정**

| court of arbitration | арбитражный суд | 仲裁院 |

**직원**

| staff | персонал | 工作人员 |

**직원모집**

| recruitment of staff | набор персонала | 聘用职员, 招聘工作人员 |

**임시직원 채용**

| to recruit temporaty staff | набрать, нанять временный персонал | 招聘临时工作人员 |

**회의기간 중 근무가능 직원 채용**

| to recruit staff for the duration of the conference | набрать, нанять персонал на время конференции | 招聘会议临时工作的人员 |

**현지인 직원 고용**

| to engage local staff | нанять местный персонал | 招聘当地工作人员 |

**조사하다**

| to cause an investigation to be made | навести справки, предпринять исследование | 调查 |

**조사지시**

| to order an enquiry | приказать провести расследование | 下令调查 |

조사하다

| | | |
|---|---|---|
| to make an enquiry | провести расследование | 进行调查 |

현장에서 채용하다

| | | |
|---|---|---|
| to engage staff on the spot | нанять персонал на месте | 就地雇佣工作人员，当地招聘 |

직원 고용조건

| | | |
|---|---|---|
| staff terms and conditions | условия найма | 工作助理 |

단기계약

| | | |
|---|---|---|
| temporary contract | временный контракт | 临时合同 |

정상근무일

| | | |
|---|---|---|
| nomal working day | нормальная длительность рабочего дня | 正常工作日 |

초과근무

| | | |
|---|---|---|
| overtime | сверхурочная работа | 加班 |

총회는 임시 분과의 위원 증원에 대한 집행위원회의 제안을 승인했다.

**E** The plenary approved the executive council's proposal to enlarge membership of the ad hoc group.

**R** Пленум одобрил предложение исполнительного комитета увеличить число членов специальной группы.

**C** 大会批准了执行委员会增加临时小组委员会委员名额的提案。

위원회가 제안서를 작성하기 위해 필요한 정보를 수집하기위해 소규모 실무그룹이 결성되었다.

**E** A small working group had been appointed to collect the necessary information required by the committee in formulating proposals.

**R** Небольшая рабочая группа создана с целью сбора необходимой информации, требуемой комитетом для формулирования выдвинутых предложений.

**C** 为了协助委员会收集拟定提案书所需的信息，批准成立了一个工作小组。

회의에서 지질학자와 지구물리학자로 구성된 특별그룹은 실무팀의 결성을 제안했다.

**E** An ad hoc group of geologists and geophysicists during the present meeting proposed establishment of a working group.

**R** Во время заседания специальная группа геологов и геофизиков предложила учредить рабочую группу.

**C** 会议上由地质学者和地球物理学者组成的特设小组提出成立一个工作组。

M 교수는 소규모의 자문위원회나 자문단을 구성할 것을 제안했다.

**E** Prof. M. suggested that a small advisory committee or panel be created.

**R** Проф. М. предложил создать небольшой консультативный комитет или группу.

**C** M教授提议组建小规模咨询委员会或专家小组。

N 박사는 1월 파리에서 열리는 ICSU와 UNESCO간의 조정위원회에 참석했다.

**E** Dr. N. attended the ICSU-UNESCO co-ordinating committee meeting in Janaury in Paris.

**R** Проф. Н. присутствовал на заседании координационного комитета МСНО(Международного совета научных объединений) ИЮНЕСКО.

**C** N博士1月在巴黎参加了国际科学委员会和联合国教科文组织之间的统筹委员会会议。

그는 과학, 특별위원회의 규정을 수정해야 할 필요성을 제기했다.

**E** He drew attention to the need for making some more modifications to the rules for scientific and special committees.

**R** Он обратил внимание на необходимость дополнительных изменений в уставе деятельности научных и специальных комитетов.

**C** 他强调了修改科学特别委员会的规则的必要性。

재무위원회가 재무에 관한 기초정보를 제공한다.

**E** Preliminary information on financial matters is given by the finance committee.

**R** Финансовый комитет сообщает предварительную информацию по финансовым вопросам.

**C** 财务委员会提供有关财务问题的基本信息。

명예위원회는 정부와 과학계의 권위자들로 구성되었다.

**E** The Honorary Committee was comprised of the high personalities from governmental and scientific authorities.

**R** В почетный комитет были включены высокопоставленные члены правительства и крупные ученые.

**C** 名誉委员会由政府和科学界的权威人士组成。

▶ A 교수는 제 5차 방사선연구 국제 의회의 창립위원회 위원이다.

**E** Prof. A. is a member of the organizing committee of the Vth International Congress of Radiation Research.

**R** Проф. А. является членом организационного комитета V Международного конгресса по исследованию радиации.

**C** A教授是第五届国际辐射研究大会组织委员会的委员。


▶ 위원회에는 운영위원회, 편집위원회, 원고선정 조정위원회가 포함된다.

**E** Conference committees include: steering committee, editorial committee, paper solicitaion coordinators committee.

**R** Комитеты конференции включают: руководящий комитет, редакционный комитет, координационный комитет по отбору докладов.

**C** 大会委员会包括筹划指导委员会、编辑委员会以及论文征集委员会。


▶ 집행위원회는 모든 조직에서 최상위 위원회이다.

**E** The executive committee is the leading committee in any organization.

**R** Исполнительный комитет является ведущим комитетом в любой организации.

**C** 执行委员会是一个组织的最高决策机构。


▶ 위원회의 구성은 다음과 같다.

**E** The composition of the committee is as follows..

**R** В состав комитета входят ...

**C** 委员会组成如下：


▶ 분과위원회 위원들은 논의되는 주제에 관한 해박한 지식을 갖고 있어야 한다.

**E** Members of sub-committee should have a thorouh knowledge of the subjects to be discussed.

**R** Члены подкомисии должны обладать глубоким знанием обсуждаемых предметов.

**C** 小组委员会的委员应对议题有充分的了解。

회의 실무 조직

총회에서 위원회 개편을 위한 제안이 채택되었다. 그 내용에는 7개의 학제간 과학위원회의 구성과 실무팀의 해산에 관한 안건이 포함되어 있다.

**E** The plenary meeting accepted proposals for a change in the strucure of the committee which include the creation of seven interdisciplinary scientific commissions and the dissolution fo the working groups.

**R** Пленарное заседание приняло предложения по структурным изменениям комитета, которые включают создание семи междисциплинарных научных комисий и роспуск рабочих групп.

**C** 大会通过了委员会组织结构调整的建议包括设立7个跨科学的科学委员会和解散工作组。

모든 건설적 제안은 회의에서 의결된 후 집행위원회에 보내져 심의과정을 거쳐야 한다.

**E** Any constructive suggestions, if approved by the conference, should be sent to the executive committee for their consideration.

**R** Любые конструктивные предложения, если они одобрены конференцией, должны быть направлены исполнительному комитету для рассмотрения.

**C** 会议批准的所有建议应提交执行委员会进行审议。

총회에서는 지구 자원의 현명하고 안전한 개발과 관련된 원칙을 세우기 위하여 국제실무팀의 설립을 위한 결의안을 채택했다.

**E** The assembly adopted the resolution concerning the creation of an international working group to formulate principles relating to the wise and safe development of the resources of the earth.

**R** Ассамблея приняла резолюцию, касающуюся создания международной рабочей группы, которая должна сформулировать принципы разумной и безопасной разработки ресурсов земли.

**C** 为了制定合理安全地开发地球资源的原则，大会通过了成立有关国际工作组的决议。

# 회의 공식 책임자
## Conference officers

**집무실**

| office | должность (место, пост) | 职位，职务，职责 |

**직책을 맡다**

| "to be in~; to hold~to occupy a post" | занимать ~ | 担任~职务 |

**직무순환**

| rotation in office | поочередное пребывание в должности | 岗位轮换，轮值 |

**공직자**

| officer(holder of an office);official | должностное лицо | 官员 |

**결원을 보충하다**

| to fill a vacancy of an office | занять вакантное место должностного лица | 补缺，填补空缺，补充空缺 |

**후보자로 지명하다**

| to nominate an official | назначить должностное лицо | 提名，任命 |

회의 공식 책임자

**임원**

| officers of the conference, bureau | должностные лица конференции | 会议/部门负责人 |

**지위; 신분**

| status | положение, состояние, статус | 社会地位/身份 |

**부-대리인**

| deputy, substitute | заместитель | 副代表，代表人员 |

**대리인을 임명하다**

| to appoint a deputy/ substitute | назначить заместителя | 指定代理人 |

**～의 직을 맡고있다**

| to act as ... | действовать в качестве ... | 尽~责任 |

**회계담당자**

| treasurer | казначей | 财政部长, 会计, 出纳员 |

**관할기관;주최측**

| governing body | административный совет(МОТ) | 管理机构（国际劳动组织） |

**이사회(주로 영리단체)**

| Board of directors | правление, совет директоров | 董事会（主要指营利组织） |

이사회(주로 비영리단체)

| | | |
|---|---|---|
| **Board of trustees** | Совет опекунов | 理事会（主要指非营利组织） |

의장

| | | |
|---|---|---|
| **convener** | конвинер (член комитета, назначающий день заседания и подготовливающий его созыв) | 会议，主席，议长 |

(기관, 정당,정부 부처의) 홍보 담당자; 언론 담당자

| | | |
|---|---|---|
| **press-officer** | ответственный за связь с прессой чиновник ответственный за связь с печатью" | 发言人，新闻官 |

의장

| | | |
|---|---|---|
| **president** | президент | 总统 |

사무국

| | | |
|---|---|---|
| **secretariat** | секретариат | 秘书处 |

~을 담당하다

| | | |
|---|---|---|
| **to be in charge of a~** | заведовать секретариатом | 担任~，负责~ |

회의 담당자

| | | |
|---|---|---|
| **conference officer** | чиновник заведующий секретариатом конференции | 会议干事 |

회의 공식 책임자

~을 조직하다; ~을 구성하다

| to organize | организовать | 组织, 安排, 筹办 |

~에게 책임을 부여하다; ~를 ~로 임명하다

| to put smb in charge of the~ | поручить к.-л. заведовать кем | 使~负责，使~担任，把~ 提名为~，把~指定为~ |

총재(총 지배인)

| director general (general manager) | генеральный директор | 总裁 |

부총재

| deputy director general | заместитель генерального директора | 副总裁 |

서기

| secretary | секретарь | 秘书，干事 |

행정상의~

| administrative~ | административный~ | 行政管理~ |

사무국장

| executive | исполнительный ~ | 行政主管, 决策者 |

명예직의

| honorary ~ | почетный ~ | 名誉~ |

서기

| | | |
|---|---|---|
| secretary, clerk of the conference | секретарь конференции | 会议秘书 |

서기 역할을 수행하다

| | | |
|---|---|---|
| to act as secretary | быть секретарем (работать в качестве секретаря) | 扮演秘书的角色，担任秘书 |

사무차장보

| | | |
|---|---|---|
| assistant secretary general | помощник генерального секретаря | 副秘书长，助理秘书长 |

임원

| | | |
|---|---|---|
| officials | чиновники, сотрудники | 委员，高级管理人员，干部 |

회의 사무국직원

| | | |
|---|---|---|
| officer of the conference bureau | сотрудник аппарата конференции | 会议官员 |

문서 담당자

| | | |
|---|---|---|
| document officer | сотрудник по документам | 文档管理员 |

사무총장인 K교수는 자신이 위원회 활동에 대한 분기 보고서를 송부해왔다는 사실을 강조했다.

**E** The Secretary General, Prof. K., drew attention to the fact that he had been sending approximately quarterly reports covering the activities of the committee.

**R** Генеральный секретарь, проф. К., привлек внимание к тому факту, что он посылал примерно раз в квартал отчеты о деятельности комитета.

**C** 秘书长K教授因每个季度发表有关委员会活动的报告而受瞩目。

J의장이 회의를 주재하였고 C가 서기 역할을 수행했다.

**E** Chairman J. presided and C. acted as secretary.

**R** Председатель Д. вел заседания, а С. был секретарем.

**C** J主席主持了会议，C是会议的秘书。

서기는 의장 부재 시 의장직을 대행하지 않는다.

**E** The secretary does not take the chair in the absence of the Chairman.

**R** В отсутствие председателя секретарь не может занять его место.

**C** 主席缺席时秘书不担任会议主席。

사무국장은 지역 준비위원회의 성실한 협조에 감사의 뜻을 전했다.

**E** The executive secretary expressed gratitude to the local arrangements committee for their cordial and helpful co-operation.

**R** Исполнительный секретарь выразил благодарность местному организационному комитету за их доброжелательное и полезное сотрудничество.

**C** 秘书长向地区筹备委员会的真诚合作表示了谢意。

일부 자원봉사기구에서는 회장의 은퇴 시 서기가 사임을 표명하는 것이 관례로 간주된다.

**E** In some voluntary organizations, it is considered courteous for the secretary to offer his resignation to the members if the Chairman is retiring.

**R** В некоторых неофициальных организациях считается вежливым, чтобы секретарь сам предложил свою отставку в случае отставки председателя.

**C** 在一些志愿组织，主席退休时秘书表明辞职之意视为礼貌。

▶ 일반적으로 회장이 연례 총회의 의장직을 맡는다.

**E** It is usual for the President to take the chair at the annual general meeting.

**R** Как провило, президент занимает место председателя на ежегодном общем собрании.

**C** 通常由总统担任年会主席。

▶ 서기와 회계담당관은 투표권이 없다.

**E** Secretary and treasurer have no vote.

**R** Секретарь и казначей права голоса не имеют.

**C** 秘书和财政部长没有投票权。

▶ 서기가 처음으로 보고를 하고, 그 다음에 회계담당자, 기타 관련 인사순으로 보고한다.

**E** The secretary will read his report first, followed by the treasurer and any others there may be.

**R** Секретарь обычно делает доклад первым, затем отчитывается казначей, в случае необходимости также другие (должностные лица).

**C** 秘书在财政部长及有关人士发言后，先发表自己的报告。

▶ 서기는 반드시 일반적 절차과 조직의 규칙을 숙지하고 있어야 한다.

**E** It is essential that the secretary should have a sound knowledge of common procedure and of the rules of his organization.

**R** Необходимо, чтобы секретарь хорошо знал общие процедуры и устав своей организации.

**C** 秘书应熟知常规程序和组织规则。

▶ 집행위원회 서기는 모든 서기 모임에 참석할 자격이 있다.

**E** The secretary of the executive committee would be entitled to attend any gathering of secretaries of the society.

**R** Секретарю исполнительного комитета дается право посещать любые заседания секретарей научного общества.

**C** 执行委员会秘书有权出席秘书会议。

의장 동의 없이는 누구도 임명될 수 없다.

**E** No one should be nominated without the President's consent.

**R** Любые назначения должны быть одобрены президентом.

**C** 未经主席首肯，不能任命任何人。

특정기간동안 종사할 임원과 위원들은 연례총회에서 선출한다.

**E** Officers and committee members are elected for a stated perioud by the members of the organization at the annual general meeting.

**R** Должностные лица и члены комитетов избираются на установленный срок во время ежегодного общего собрания членов организации.

**C** 年会在规定时间内选举出负责人和委员。

회의에서 서기 업무는 지속적으로 필요하다. 회의록을 작성할 보조 인력이 있어야한다.

**E** At a conference, the secretary's services are in constant demand. There should be an assistant detailed to take the minutes.

**R** Поскольку во время работы конференции секретарь может отвлекаться на выполнение различных дел, следует назначить помощника специально для ведения протокола.

**C** 在会议期间需要秘书的配合。需要助理配合编写会议记录。

의장과 서기가 긴밀하게 협조해야한다.

**E** It is essential that the Chairman and secretary work in close co-coperation.

**R** Необходимо, чтобы председатель и секретарь работали в тесном сотрудничестве.

**C** 主席和秘书必须紧密合作。

공석을 채우기 위한 새 후보 임명 문제가 회의에서 개별적으로 논의될 것이다.

**E** Nominations for new members to fill vacancies are put to the meeting individually.

**R** Новые назначения на вакантные должности ставятся на обсуждение собрания отдельно для каждой должности.

**C** 为了填补空缺，将单独提名新的候选人。

**의장의 요청이 없는한 서기는 회의에서 개인적인 소견을 말해서는 안된다.**

**E** The secretary should not give his personal views at a meeting unless asked to do so by the Chairman.

**R** На заседании секретарь не должен высказывать свою личную точку зрения за исключением случаев, когда председатель просит его сделать это.

**C** 除非有主席的要求，否则秘书不得在会议上发表个人意见。

**담당자들과 위원들을 선출하는 방법과 절차는 각 조직의 규정에 명시되어 있다.**

**E** Both the method of electing the officers and committee members and the precedure to be followed are given in the rules of every organization.

**R** Как порядок избирания должностных лиц и членов комитета, так и процедура, которой надо придерживаться, приводятся в уставе каждой организации.

**C** 选择负责人和委员的方法，各组织有明确的规定。

**모든 담당자들과 위원들이 개회와 폐회 때 연단에 오르는 것이 일반적이다.**

**E** It is usual for all officers and members of the committee to be on the platform for the opening and closing sessions.

**R** Принято, чтобы все должностные лица и члены комитета находились в президиуме во время церемонии открытия и закрытия заседания.

**C** 所有负责人和委员在开会和闭会时一般会登上讲台。

회의 공식 책임자

# 회의 의장 및 의장의 의무
## Conference chairman and his duty

**의장**

| | | |
|---|---|---|
| **Chairman: President** | председатель (преседательствующий): | 主席 |

**의장석**

| | | |
|---|---|---|
| **the Chair** | председатель (председательское кресло) | 议席，主席台 |

**과거의, 이전의**

| | | |
|---|---|---|
| **past (USA), former (GB) (chairman, etc)** | бывший (председатель, и т.д.) | 过去/以前 |

**신임~**

| | | |
|---|---|---|
| **newly elected~** | вновь избранный ~ | 新任~ |

**임시~**

| | | |
|---|---|---|
| **interim (temporary), pro tem(pore)~** | временно исполняющий обязанности председателя временный председатель | 临时~ |

**명예~**

| | | |
|---|---|---|
| **honorary~ (president)** | почетный председатель | 名誉~ |

**은퇴~**

| retiring; ~outgoing~ | уходящий в отставку, выходящий~ | 卸任~ |

**부의장**

| Vice-Chairman | вице-председатель | 副主席 |

**의장님들**

| Messers Chairmen | господа председатели | 主席们 |

**의장님**

| Mr. Chairman | г-н председатель | 主席先生 |

**여성 의장**

| Madam Chairman | г-жа председатель (ница) | 女主席 |

**부의장**

| deputy chairmanvice-president, vice-chairman | заместитель председателя | 副主席 |

**부 의장직**

| vice-presidency, vice-chairmanship | вице-председательство | 副主席/副议长 |

**공동 의장**

| Co-Chairman | со-председатель | 联席主席 / 联合主席 / 共同主席 |

**의장 신임 / 비신임 투표**

| vote of confidence in / no confidence in the chairman | вотум доверия/ недоверия председателю | 对主席信任 / 不信任投票 |

개회사

| opening address | вступительное слово | 开幕词 |

~의 임명

| nomination of the~ | выдвижения на пост ~ | 任命~ |

~의 성격

| the personality of the~ | личные качества ~ | ~的性质 |

~의 임무

| duties of the~ | обязанности ~ | ~的任务/职责/职务 |

의장직 변경(임무)

| changes in chairmanship (duties of the~) | изменения обязанностей председателя | 主席职位更替 |

의장직 사임

| resignation of the chairmanship | отказ от обязанностей председателя | 主席卸任 |

(회의, 컨퍼런스) 의장을 맡다.

| to chair (a conference) | быть председателем (конференции) | 担任（会议、研讨会）主席 |

의장을 선출하다/ ~를 만장일치로 의장으로 선출하다

| to elect a chairman / to put smb in the chair unanimously | выбрать председателя (единогласно) | 选出主席 /一致同意选举~为主席 |

**~직에 후보로 지명하다**

| to nominate a chairman | выдвигать на пост ~ | ~被提名为候选人 |

**맡은 직무를 수행하다**

| to fulfill the duty of / to act as/ to serve as ~ / to carry out the ~'s function | выполнять обязанности ~ | 尽到责任/作为~展开活动/扮演~角色 |

**의장직을 종료하다**

| to terminate one's chairmanship | завершить работу в качестве председателя | 主席任期结束 |

**~를 대신 의장으로 선출하다**

| to replace smb as Chairman | заменить к.-л. в качестве председателя | 选出~代行主席职权 |

**~의 자리를 채우다**

| to fill the position of | занять пост ~ | 弥补~的职位空缺 |

**~를 자리에서 퇴출하다**

| to eject the ~from office | лишить ~ его функций | 解除~的职务 |

**(의장)에게 호소하다**

| to address the ~ (chair) | обращаться к (председателю) | 对（主席）发言 |

의장직을 사퇴하다

to vacate the chair | освободить пост председателя | 辞去主席的职务

의장직을 포기하다

to give up(to renounce) the office of the chairman | отказаться от поста председателя | 放弃主席的职务

~를 재선하다

to re-elect the | переизбрать ~ | 继续担任~/连任~/再次当选~

~의 임무를 인계받다.

to take over the duties of the | принять на себя обязанность ~ | 交接~职务, 接管~的工作

~의 사임을 승인하다

to accept the resignation of the ~ | принять отставку ~ | 准许~辞职

~의 직무를 시작하다

to commence the duties of the ~ | приступить к обязанностям ~ | 开始履行职务

~ 사임 의사를 밝히다 (사임하다)

to offer one's resignation (to resign) | подвать в отставку | 表示辞职意向

의장을 맡다.

to take (to occupy, to fill) the chair | стать председателем | 担任主席

의장직을 재개하다

| to resume the chairmanship | снова вступить в обязанности председателя | 再次担任主席 |

사퇴하다

| to retire | уйти с поста (на пенсию) | 辞职，卸任 |

의장직 수행

| chairmanship presidency | ведение собрания (заседания), председательство | 担任主席（会长） |

회의 진행 (기본) 규칙

| (basic) rules of~ | (основные) правила ведения заседания | ~基本规则/会议进行（基本）规则 |

의장 임기

| presidential term | срок председательствования | 总统任期 / 主席任期 |

임기

| term, term of office | срок полномочий | 任期 |

임기 갱신

| renewal of term of office | возобновление должностного срока, полномочий | 连任 |

~가 의장직을 맡아 회의를 개최하였다.

| to meet under the chairmanship of | заседать под председательством ... | ~担任主席，召开了会议 |

**～를 부의장에게 넘기다.**

| to hand over the ~ to the Vice Chairman | передать (ведение собрания) заместителю | 将~转交给副主席 |

**(회의, 컨퍼런스를) 주재하다; 의장을 맡다**

| to preside (at a conference, over a meeting); To be(sit) in the chair | председательствовать (на конференции, собрании) | 主办（会议、研讨会)/担任主席 |

**사무국 책임을 맡다**

| to put…. in charge of the secretariat | поручить.. заведовать секретариатом | 让~负责秘书处 |

**사무국을 조직하다**

| to organize the secretariat | организовать секретариат | 组建秘书处 |

**회의를 진행하다**

| to direct (to govern) the procedure at a meeting | руководить ходом заседания | 主持会议 |

**발표자에게 논의 중 요점을 벗어나지 말라고 요청하다**

| to request the speaker to keep to the point under discussion | попросить оратора не отклоняться от темы, от предмета | 提醒议长讨论时不要偏离主题 |

**발표자에게 짧게 말해달라고 부탁하다**

| to invite speakers to be brief | попросить оратора быть кратким | 请议长简短发言 |

**이전 발표자에게 동의를 표하다**

| to express agreement with the previous speaker | выразить свое согласие с предыдущим оратором | 表示同意前一位发言者 |

회의에 자문을 해주다

| to consult the meeting | узнать мнение собрания | 为会议进行咨询 |

미루기로 결정하다

| to decide to postpone | принять решение об отсрочке | 决定延迟 |

의장에게 요청하다

| to appeal to the chairman | обратиться к председателю | 向主席请求~ |

의장의 결정을 받아들이다

| to accept the chairman's dicision | согласиться с решением председателя | 接受主席的决定 |

의장의 결정에 따르다

| to bow to the chairman's decision | подчиниться председательскому решению | 服从主席的决定 |

의장의 결정에 반대의사를 표시하다

| to challenge the chairman's ruling, decision | оспаривать председательское решение | 对主席的决定表示反对 |

기각하다

| to overrule | считать недействительным, отвергнуть постановление председателя | 驳回, 否决 |

**신임장**

| credentials | полномочия, верительные грамоты | 资格证书 |

**권한**

| (full) powers | полномочие | 权限 |

**지시 사항**

| instructions | инструкции | 说明，须知 |

**면책특권**

| immunities | иммунитеты | 豁免权 |

**특권, 특혜**

| prerogatives | прерогативы | 特权 |

**특권**

| privileges | привилегии | 特权 |

**특권을 누리다**

| to enjoy privileges | пользоваться привилегиями | 享受特权 |

S. 교수는 운영 위원회의 의장 직무를 수행했다.

**E** Prof. S. served as Chairman of the conference committee.

**R** Проф. С. выполнял обязательности председателя комитета конференции.

**C** S.教授担任两院协商委员会主席。


A. 박사가 부의장직을 맡는 것에 대한 제안이 제기되었다.

**E** It was propsed that Dr. A. become Vice Chairman.

**R** Было внесено предложение, чтобы д-р А. стал вице-председателем.

**C** 有人提出A.博士担任副主席的建议。


내년까지 M 박사와 C박사는 부의장직을 맡을 것이다.

**E** Until next year Drs. M and C will serve as Vice-Chairmen.

**R** Д-ра М. и С. будут выполнять обязанности вице-председателей до следующего года.

**C** M博士和C博士将担任副主席至明年。


K 박사를 L 교수를 대신하여 의장으로 선출하고 A박사가 부의장을 맡아야 한다는 건의안이 있었다.

**E** It was proposed that Dr. K. replace Prof. L and that Dr. A become vice-chairman.

**R** Было внесено предложение, чтобы д-р К. заменил проф. Л., а также, чтобы д-р А. стал вице-председателем.

**C** 有人建议：K博士应代替L教授担任主席，A博士应担任副主席。


작고하신 V 교수의 공석을 채우려면 T 교수가 공동의장으로서 직무를 맡아야 한다는 건의가 있었다.

**E** It was suggested that in order to replace the late Prof. V , as co-chairman, Prof. T take this duty.

**R** Предлагается, чтобы проф. Т. заменил недавно скончавшегося проф. В. в качестве со-председателя, возложив на себя его обязанности.

**C** 为了填补已故V教授的职位空缺，有人建议T教授作为联席主席应担任这一职务。

공동의장직을 G 박사가 맡아야 한다는 건의가 있었다.

**E** It was proposed that the position of Co-Chairman would be filled by Dr. G.

**R** Было внесено предложение, чтобы пост со-председетеля занял д-р Г.

**C** 有人建议G博士应担任联合主席。

D 박사는 지난 이년간 임시 의장 활동을 했다.

**E** Dr. D. has been acting as pro team Chairman for the two past years.

**R** В течение последних двух лет д-р Д. временно исполняет обязанности председателя.

**C** 两年以来，D博士已担任了两年的临时主席。

의장은 회중에게 인사 할 때는 일어서야 한다.

**E** The Chairman should always stand to address the meeting.

**R** Председатель должен обращаться к собранию стоя.

**C** 主席应起立向与会者致意。

집행위원회는 N 박사가 내년까지 의장직을 맡을 것을 건의했다.

**E** The executive council suggested that Dr. N. continues as Chairman until next year.

**R** Исполнительный комитет предложил д-ру Н. продолжить свою работу в качестве председателя до следующего года.

**C** 执行委员会建议N博士担任主席到明年。

사안은 의장의 결정에 맡겨졌다.

**E** The matter was left to the Chairman's decision.

**R** Решение вопроса было передано на усмотрение председателя.

**C** 所议事项交由主席决定。

의장, 총무, 위원을 선출하는 방법은 여러 가지가 있다.

**E** There are various ways of electing the Chairman, secretary and committee members.

**R** Существуют разные способы выбора председателя, секретаря и членов комитета.

**C** 选择主席、秘书长和委员会会员的方法有很多种。

의장의 효율적인 진행만이 회의의 중단을 막을 수 있을 때가 많다.

**E** It is often only the efficiency of the Chairman which prevents the complete breakdown of a meeting.

**R** Нередко только умелое председательствование спасает собрание от полного провала.

**C** 会议主席的成功主持往往可以防止会议破裂。

의장이 맡은 직무를 효과적으로 수행하기 위해서는, 주재하는 회의의 올바른 절차를 숙지하고 있어야 한다.

**E** If a chairman is to carry out his function effectively, he must know the correct procedure for the type of meeting over which he is to preside.

**R** Для того, чтобы председатель успешно выполнял свои функции, он должен знать процедурные правила того типа собрания, на котором ему предстоит председательствовать.

**C** 为了能够有效行使职权，主席应该熟知所主持会议的正确程序。

N 박사가 의장을 맡았고 C 박사는 총무를 맡았다.

**E** Chairman Dr. N presided and Dr. C acted as secretary.

**R** (На собрании) председетельствовал д-р Н., а д-р С. был секретарем.

**C** N博士担任主席，C博士担任秘书长。

의장은 회의 진행의 책임이 있다.

**E** The Chairman is responsible for the conduct of the meeting.

**R** Председатель несет ответственность за ведение собрания.

**C** 主席有责任主持会议。

X 교수는 재임될 시 의장직을 연임할 것에 동의했다.

**E** Prof. X. agreed to serve another term if elected.

**R** Проф. X. согласился быть председателем еще один срок в случае его избрания.

**C** X教授同意再次当选时连任会议主席的职务。

의장의 성격과 적절한 분위기를 조성할 수 있는 재량은 회의 전체 진행에 상당한 영향을 미친다.

**E** The personality of the Chairman and his ability to create the correct atmosphere must have a considerable influence on the whole structure of the meetings.

**R** Личность прдседателя и его умение создать нужную атмосферу окзывают значительное влияние на весь ход проведения заседаний.

**C** 主席的性格和营造会议气氛的能力会给整个会议结构带来较大的影响。

실무자 그룹은 임시 의장을 맡았던 D 박사를 새 의장으로 선출했다.

**E** The working group nominated Dr. D who had been acting as protem Chairman, as the new Chaiman.

**R** Рабочая группа назначила новым председателем д-ра Д., ранее временно исполнявшего эти обязанности.

**C** 工作组选举曾担任过临时主席的D博士为新主席。

총회 참석자들은 만장일치로 M 박사의 재선을 찬성했다.

**E** The plenary unanimously supported the nomination of Prof. M for the second presidential term.

**R** Участники пленарного заседания единогласно поддержали выдвижение кандидатуры проф. М. на второй срок.

**C** 一致同意M博士连任。

F. 박사는 지역 위원회 의장을 맡았다.

**E** The local arrangements committee was chaired by Dr. F.

**R** Местные комитет заседал под председательством д-ра Ф.

**C** F.博士担任区域贸易协定委员会的主席。

H. 박사는 의장직을 권유받았다.

**E** Prof. H. was invited to take the chair.

**R** Проф. Х. был приглашен занять пост председателя.

**C** H.博士被提名为主席。

C 박사는 공동의장직을 사퇴하며 실무 그룹 의장직을 맡았다.

**E** Dr. C resigned as Co-Chairman when taking over the chairmanship of the working group.

**R** Став председателем рабочей группы, д-р С. подал в отставку как ее со-председатель.

**C** C博士辞去联合主席的职务，担任工作组的主席。

회의 진행은 기술이며, 다른 기술처럼 훈련과 연습을 통해 발전한다.

**E** Chairmanship is an art and like other arts, is developed and improved by training and practice.

**R** Ведение собрания — это искусство, и, подобно другим видам искусства, оно развивается в результате тренировки и практики.

**C** 如同其他艺术一样，通过训练和练习才能取得发展。

N. 박사는 실무자그룹 의장직과 관련하여 건의된 수정 사항을 제시했다.

**E** Dr. N. listed the proposed changes in the chairmanship of the working groups.

**R** Д-р Н. перечислил предложенные изменения в работе преседателей рабочих групп.

**C** N.博士列出了工作组的有关主席职务的建议事项。

의장을 돕기위해 (논문)저자들은 업무/연구 경력에 관한 자신의 간단한 이력을 제출해야한다.

**E** To assist the Chairman, authors are requested to supply brief autobiographical notes, giving details of business/academic careers.

**R** Чтобы помочь преседателю, просьба к авторам (докладов) прадставить краткие автобиографические данные, в том числе по деловой/академической карьере.

**C** 为了协助主席，撰稿人应以简短的自传体形式提供主席的职业和学业经历。

만약 의장직이 1년 만기이고 의장이 재선을 바란다면, 그는 의장 선출 기간에 의장직을 사퇴하고 의장 직을 임시 의장에게 넘겨야 한다.

**E** If the presidency is a yearly appointment and the president is offering himself for re-election, he must vacate the chair during the period of the election and hand over to the office to a temporary chairman.

**R** Если президентство рассчитано на один год и президент вновь предлагает свою кандидатуру на переизбрание, он должен на период выборов освободить занимаемый им пост и передать его временному председателю.

**C** 如果主席任期1年，且希望连任的话，应在主席选举期间辞去主席职务，将主席职务移交临时主席。

의장이든 임시 의장이든, 의장이 후보 중 하나라면, 임원들의 선거를 책임진다.

**E** The Chairman- or temporary Chairman, in the event of the Chairman being one of the nominees — will deal with the election of the officers.

**R** Председатель (или временно исполняющий его обязанности в случае, когда сам председатель является одним из кандидатов) обычно проводит выборы должностных лиц.

**C** 无论主席还是临时主席，如果主席是候选人之一的话，应由委员们选举决定。

모든 연사는 의장을 언급해야 한다.

**E** All speakers must address the Chair.

**R** Все выступающие должны обращаться к председателю.

**C** 所有演讲者应对主席讲话。

의장은 컨퍼런스 활동을 간단하게 요약하여 발표해야 하고 컨퍼런스를 성공리에 마칠 수 있도록 한 모든 대표단에게 감사의 뜻을 밝혀야 한다.

**E** The Chairman should give a short summing up of the work of the conference and thank the delegates and all who have helped to make it a success.

**R** Председатель должен кратко доложить результаты работы конференции и поблагодарить делегатов и всех тех, кто помог ее успешному проведению.

**C** 主席应该发表一个关于会议活动的简短总结，并向协助会议取得圆满成功的各代表团表示感谢。

의장은 중앙에 착석할 것이고, 연사는 오른쪽에, 총무는 왼쪽에 착석할 것이다.

**E** The Chairman will sit in the centre, with the speaker on tis right and the secretary on his left.

**R** Председатель обычно сидит в центре, выступающий находится справа от него, секретарь − слева.

**C** 主席坐在中间、演讲者坐在右边、秘书长坐在左边。

정시에 의장은 개최 벨을 울리고, 총무가 회중에게 개회를 한 것을 요구하고, 개회를 선언할 것이다.

**E** Promptly on time, the Chairman will ring the bell, call on the secretary to read the convening notice, and will then declare the conference open.

**R** Точно в назначенное время председатель звонит в колокольчик, обращается к секретарю с просьбой прочесть официальное извещение о созыве конференции и затем объявляет конференцию открытой.

**C** 定时到达，主席敲钟，秘书长向与会人通知开会，宣布开会。

의장은 공공 회의에서 질문을 할 것을 요청할 것이다.

**E** The Chairman will call for questions as at a public meeting.

**R** Председатель обращается с просьбой задавать вопросы, как это делается на любом открытом заседании.

**C** 主席在公共会议上要求提问。

의장은 요령과 인내심, 논의 대상에 대한 충분한 지식이 있어야 한다.

**E** Chairman requires tact, patience and a sound knowledge of the topic for discussion.

**R** Ведение собрания требует такта, терпения и глубокого знания предмета обсуждения.

**C** 主席应该具有智慧、耐心以及足够的商业知识。

컨퍼런스를 주재하는 것은 쉽지 않은 일이어서 경험이 불충분한 사람들은 진행을 맡아서는 안된다.

**E** Chairing a conference is not easy and not to be lightly undertaken by the inexperienced.

**R** Быть председателем на конференции – дело непростое, поэтому неопытному человеку вряд ли следует браться за него.

**C** 主持会议并不容易，因此不应由经验不够的人召集和主持。


규모가 큰 컨퍼런스에서는 한명 이상의 의장을 권고한다.

**E** At a big conference, it is advisable to have more than one Chairman.

**R** На большой конференции рекомендуется иметь более одного председателя.

**C** 建议规模较大的会议应该有一名以上的主席。


의장 개회사에 5분, 발표에 50-60분, 질의응답에 15-30분, 감사인사에 10분을 배분하라

**E** Allow five minutes for the Chairman's opening remarks, fifty to sixty minutes for the speakers, fifteen to thirty minutes for questions and ten minutes for votes of thanks.

**R** Отведите пять минут на вступительное слово председателя, от 50 до 60 минут на выступления, от 15 до 30 минут на вопросы и 10 минут на выражения благодарности.

**C** 主席开幕词5分、发表时间50~60分、问答时间15~30分、祝词时间10分。


회의주재 시 의장은 회의의 모든 활동을 총괄 책임지며, 회의가 제대로 질서 정연하게 진행될 수 있도록 감독한다.

**E** when presiding at a meeting, the Chairman is reponsible for its conduct, and it is for him to see that the business is properly carried out and that order is kept

**R** Председатель собрания несет ответственность за его проведение; именно он должен следить за ходом заседания и поддержанием порядка.

**C** 召集和主持会议时，主席负责所有会议活动并为顺利召开会议进行监督管理。

▶ 행정상의 책임은 주로 의장이 담당하고 집행업무는 총무가 담당한다.

**E** The duties of a Chairman are mainly administrative, whereas those of a secretary are executive.

**R** Обязанности председетеля преимущественно адиминистративные, тогда как обязанности секретаря скорее исполнительные.

**C** 主席负责行政责任，秘书团负责行政执行。

▶ 의장직은 본 조직의 대표가 맡는다. 대표가 맡을 수 없을 경우, 임무를 완전히 숙지하고 있는 의장을 선정한다.

**E** The chair may be taken by the chairman of the organization, but if not, select a chair man who fully understands what will be required of him.

**R** Ведение собрания может быть возложено на председателя данной организации; в противном случае избрать председателя собрания, от которого требуется полное понимание своих обязанностей.

**C** 本组织的代表担任主席。但，代表不能履行职责的，选出充分了解其职责的人担任主席。

▶ 회의 스케쥴을 제안하고 의장에게 그 스케쥴을 따를것을 요청하시오.

**E** Propose a timetable for the meeting and ask the Chairman to keep to the timetable

**R** Следует внести предложение о регламенте проведения собрания и затем попросить председателя следить за ним.

**C** 请提出会议日程，并向主席要求遵守其日程。

▶ 선거 시작전 의장은 의례적으로 전직의장과 여타 고관들에게 감사인사를 전한다

**E** Before starting the election, it is usual for the President to say a few words of thanks to the retiring Chairman and/or other officers.

**R** До начала выборов президент обычно произносит несколько слов благодарности в адрес председателя и/или других должностных лиц, уходящих со своего поста.

**C** 选举开始前，主席向前任主席和其他高管表示礼节性的谢意。

# 회의 종류
## Types of conference

**모임;회담;회의**

| meeting;session;sitting | заседание (собрание, совещание): | 会议，会谈 |

**특별~**

| special(extraordinary) | внеочередное~ | 特别~ |

**연례~**

| annual~ | годичное~ | 年度~ |

**전문적인~**

| professional~ | деловое~ | 专门~ |

**일일~**

| daily | ежедневное~ | 每天 |

**최종~**

| final | заключительное~ | 最终 |

**(비공개)~;**

| private(closed, secret)~; in camera~ | закрытое~ | 非公开~ |

브리핑~

briefing~         инструктивное~         简报

과학~

scientific~         научное~         科学的

비공식~

informal~         неофициальное~         非正式

일반~

general~         общее~         一般

연합(공동)~

associated(joined)~         объединенное~         联合（共同）

공개~

open(public)~         открытое~         公开

공식~

official(formal)~         официальное~         官方

정기~

regular~         очередное~         定期

총회

plenary~         пленарное~         大会/全体会议

| 예비/준비~ | | |
|---|---|---|
| preparatory~ | подготовительное~ | 预备/筹备 |

| 비즈니스 / 실무~ | | |
|---|---|---|
| business~ | рабочее~ | 业务/商务 |

| 섹션~ | | |
|---|---|---|
| section~ | секционное~ | 部分/单元 |

| 대규모 / 공식적인 / 의례적인~ | | |
|---|---|---|
| grand, formal, ceremonial~ | торжественное~ | 盛大/正式/仪式 |

| 특별~ | | |
|---|---|---|
| special | специальное~ | 特殊的 |

| 개회~ | | |
|---|---|---|
| opening~ | первое~ | 开会 |

| ~기념식 | | |
|---|---|---|
| commemorative session | ~, посвященное памяти | 纪念会议 |

| 회견(회담 사이에 이루어지는 간단한 만남) | | |
|---|---|---|
| meeting between sessions | ~, (промежутке) между сессиями | 会晤 |

| 원탁회의 | | |
|---|---|---|
| round table meeting | круглый стол | 圆桌会议 |

**즉석회의**

| ad hoc meeting | ~ по конкретному случаю | 临时会议、特设会议、非例行会议、特别会议 |

**포스터세션**

| poster session | ~ с представлением стендовых докладов | 海报会议、海报发表、海报展示、墙报展示 |

**~형식의**

| format of a ~ | характер (общее направление работы) собрания | ~形式的 |

**개회하다/폐회하다**

| to begin/to close a ~ | начинать/ закрывать собрание | 开会/闭会 |

**참석을 거부하다**

| to refuse (to decline) to take part in a~ | отказаться участвовать в собрании | 拒绝参加 |

**취소하다**

| to cancel ( to eliminate, to call off) a ~ | отменить ~ | 取消 |

**연기하다**

| to adjourn( to postpone, to suspend) a~ | отсрочить (отложить) ~ | 推迟 |

~문제에 (돈,시간 노력등을) 할애하다

| to devote a ~ to some problem | посвятить ~ к.-л. вопросу | 在~问题上花费<br>（金钱、时间、努力） |

휴회를 제안하다

| to move(propose) the adjournment | просить (предложить) отложить или отсрочить сессию на неопределенный срок | 提出休会 |

위원회의 증원을 요구하다

| to request an invrease in the membership of the committee | просить о расширении состава комиссии | 要求增加委员会成员 |

위원회의 책임범위를 구체적으로 명시하다

| to define the competence (to specify the terms of reference) of the committee | определить (установить) круг ведения комиссии | 规定具体明确委员会责任范围的权限 |

프로그램을 구성하다

| to draw up the programme of work | составить, выработать программу работы | 安排工作日程 |

회의에 참석하다

| to attend sessions | посещать собрания | 参加会议、出席会议 |

회의에 참석자를 초대하다

| to invite participants to a session | приглашать участников на собрание | 邀请~参加会议 |

~를 열다.

| to hold ( to run) a~ | проводить ~ | 召开~ |

여러개 세션을 동시에 진행하다

| to hold overlapping sessions | проводить одновременно несколько собраний | 进行多次会议 |

회의 연기를 제안하다.

| to move ( to propose) the adjournment(postponement) of a session | предложить отсрочить (отложить) собрание | 建议推迟会议 |

회의 시간표를 조정하다

| to fix the time-table of the sittings | установить расписание заседаний | 调整会议时间表 |

절차를 관장하다

| to direct (to govern) the procedure at a meeting | вести ~ | 进行会议 |

회의를 소집하다.

| to summon (to call, to convene) a session | созывать ~ | 召开会议 |

임시(특별)회의를 열다

| to convene an extraordinary (special) session | ~ на чрезвычайнуью (специальную) сессию | 召开临时(特别)会议 |

**조건부 승낙**

| conditional acceptance | принятие с оговорками, условное согласие | 附条件承诺，有条件的接受 |

**문제제기하다.**

| to bring up ( to raise) some matter( at a~) | ставить вопрос (на собрании) | 提出问题 |

**(해당)질문에서 벗어나다**

| to depart from the question | отойти от вопроса / отклоняться от темы | 离体 |

**참석하다.**

| to attend ( to participate in, to take part in ) a ~ | участвовать в собрании | 参加 |

**대중집회**

| mass meeting | массовый митинг | 群众大会 |

**총회**

| general meeting | Генеральная Ассамблея(ООН), Общее собрание | 全体大会 |

**패널 회의**

| panel meeting | совещание специалистов | 专家小组会议/小组讨论会 |

**회의 준비**

| preparation of the meeting | подготовка заседания | 筹备会议 |

**회의장 내 질서를 유지하다**

| | | |
|---|---|---|
| to maintain order in the hall | обеспечить соблюдение порядка в зале заседания | 在会议场内遵守秩序 |

**회의에 참석하다**

| | | |
|---|---|---|
| to meet; to sit; to be( to sit) in conference; to be in session | заседать : | 参加会议，出席会议 |

**휴식없이**

| | | |
|---|---|---|
| ~without a break | ~без перерыва | 没有休息时间 |

**정기적으로**

| | | |
|---|---|---|
| ~periodically | ~ периодически, ~время от времени | 定期 |

**～문제에 대한 (회의)**

| | | |
|---|---|---|
| ~on ~ problem | ~ по к.-л. вопросу | 对一些问题 |

**정기적으로**

| | | |
|---|---|---|
| ~at regular intervals | ~ регулярно | 定期 |

**콜로키움**

| | | |
|---|---|---|
| colloquium(pl- ia) | коллоквиум | 座谈会，讨论会 |

**총회**

| | | |
|---|---|---|
| plenum;plenary session | пленум | 全会，全体会议 |

회의 종류

**실무진**

| working group | рабочая группа | 工作组 |

**섹션**

| section | секция | 单元 |

**세미나**

| seminar | семинар | 研讨会 |

**워크샵**

| workshop | семинар по специальному вопросу | 专题研讨会 |

**세션**

| session | сессия | 会议/会谈 |

**관련단체**

| related organization | родственная организация | 相关机构，相关组织 |

**(의장이) 회의 시작을 알리다**

| to call the session to order | призвать оратора к порядку | 会议主席宣布会议开幕 |

**(회의가) 시작되다**

| to be called to order | быть призванным к порядку | 会议开始 |

방해하다

| to cause a disturbance | вызвать беспорядок/<br>поднять шум | 阻碍/妨碍 |

회의장에서 퇴장시키다

| to expel from the hall | удалить из зала | 驱逐出会场、退场 |



회의 종류

▶ 의장은 참석자들에 대한 환영인사로 회의개최를 알렸다.

**E** The president opened the session welcoming those present

**R** Президент открыл заседание приветствием, обращенным к присутствующим участникам.

**C** 主席对与会者表示欢迎，并宣布会议开幕。


▶ 회의는 오전 9시 부터 11시까지 휴식없이 계속 됐다.

**E** The session lasted without a break from 9.00am to 11 a.m.

**R** Заседание продолжалось без перерыва с 9 до 11 ч. утра.

**C** 会议从上午9点至11点无间断地进行。

会议从上午9点进行至11点，中间没有休息。


▶ 마지막 총회는 7월 1일에 열렸으며 평소 때와 마찬가지로 비공개로 진행되었다

**E** The final plenary session took place on 1 July and was as usual a closed session.

**R** Заключительное пленарное заседание проходило 1 июля, и оно, как всегда, было закрытым.

**C** 7月1日与以往一样以非公开方式召开了最后一次全体会议。


▶ 공식 행사는 6월24일 월요일 오전10시에 열렸다.

**E** The official ceremony was held on Monday, 24 June, 10 am.

**R** Официальная церемония открытия состоялась в понедельник 24 июля в 10 ч. утра.

**C** 正是纪念活动于6月24日周一上午10店举行。


▶ 마지막 총회를 토요일 오후에 열기 위해 집행위원회 회의를 취소하기로 결정했다.

**E** A decision was taken to eliminate a session of the executive council so that the final plenary session could take place on the Saturday afternoon.

**R** Было принято решение отменить сессию исполнительного совета, с тем чтобы заключительное пленарное заседание могло состояться в субботу днем.

**C** 为了在周六下午召开最后一次全体会议，决定取消执行委员会会议。

COSPAR총회의 공개회의는 초대 기관들의 발표로 이뤄졌다.

**E** The public session of the COSPAR plenary meeting was devoted to the presentation of statemnet by the invited organizations

**R** Открытое пленарное заседание комитета по иследованию космического пространства было посвящено выступлениям приглашенных организаций.

**C** COSPAR全体会议的公开会议上，与会团体进行了发言。

총회에서 D교수의 발언에 박수갈채가 쏟아져 나왔다.

**E** The plenary applauded Prof. D.'s statement.

**R** Пленарное заседание одобрило заявление проф. Д.

**C** 与会者对D教授的发言报以热烈的掌声。

총회는 실무그룹 구성원변경을 승인했다.

**E** the plenary session approved the changes in membership of the working group.

**R** Пленарное заседание одобрило изменения в составе рабочих групп.

**C** 大会批准了工作组会员的资格变更。

11명의 회원들은 패널회의에 참석했다.

**E** Eleven members attended the meeting of the panel.

**R** Одиннадцать членов присутствовали на заседании специального комитета.

**C** 11位会员参加了专家小组会议。

…의 3번째 총회가 바르나에서 4월 4일부터 10일까지 개최됐다.

**E** The third general assembly of … was held in Varna from 4 to 10 April.

**R** Третья генеральная ассамблея состоялась в Варне с 4 по 10 апреля…г.

**C** 第三届~全体会议于4月4日至10日在瓦尔纳召开。

▸ 정기 위원회 회의에는 최고 집행위원회 회의와 실무그룹의 실무회의가 포함된다.

**E** The regular Committee meeting included sessions of the executive council and business meeting of the working group.

**R** Очередное заседание комитета включало совещание исполнительного совета и деловые заседания рабочих групп.

**C** 委员会定期会议包括执行委员会会议和工作组会议。

▸ 첫 총회가 오후 2시부터 4시까지 휴회되었다.

**E** At 2 pm the first plenary session was adjourned until 4 p.m.

**R** В 2 часа был объявлен перерыв на первом пленарном заседании до 4 часов.

**C** 第一次全体会议从下午2点推迟到下午4点。

▸ 의장은 오후 2시 40분에 첫 업무 회의를 열었다.

**E** The president opened the first business session at 2: 40 p.m.

**R** Президент открыл первое рабочее заседание в 2 часа 40 мин. дня.

**C** 主席在下午2点40分主持了第一个工作会议。

▸ 우주 사용에 관한 워크샵과 세미나가 ..에서 열렸다.

**E** The workshop and seminar on space applications were held in …

**R** Семинар по специальному вопросу и семинар по использованию космоса проводились в…

**C** 在~举行了关于宇宙应用的专题研讨会。

▸ 포스터세션에서는 평소처럼 최근의 연구 데이터들이 간략하게 소개된다.

**E** The poster sessions will constitute the usual short communications of recent research data.

**R** Заседания с представлением стендовых докладов будут состоять из обычных коротких сообщений о последних исследовательских данных.

**C** 海报会议包括对最新研究数据的简短讨论。

각 세션진행자는 시작전 발표자들과 만나 세션 진행을 의논할 것이다.

**E** Before each session a meeting will be held so that the session chairman can discuss the management of the session with the authors.

**R** Перед каждой сессией будет проводиться совещение, на котором председатель сессии сможет обсудить ее проведение с докладчиками.

**C** 为了便于各会议主席能与发言人商讨会议的程序，在正式会议开始之前应先召集一个见面会。

회의 프로그램에 전체 토의 세션이 포함되어 있다.

**E** The conference programme provided for general discussion sessions.

**R** Программа конференции предусматривал общие дискуссионные заседания.

**C** 会议程序包括摘要简介部分。

토론에 최대한의 시간이 할당될 수 있도록 회의 프로그램을 구성하였다.

**E** The conference programme has been arranged to allow the maximum time to be available for discussion.

**R** Программа конференции была составлена таким образом, чтобы предоставить максимум времени для дискуссии.

**C** 更多时间安排到讨论部分
会议程序已经安排了尽可能多的时间用于讨论。
会议程序已经为讨论安排了尽可能多的时间。

회의의 성공적인 개최를 위해서 패널들과 의장들이 본 회의 전 사전모임을 개최하여 일반적인 회의 구성을 논의하는 과정이 필수적이다.

**E** A meeting of panelists and chairmen prior to the session for general coordination is generally prerequisite for the success of the section work.

**R** Совещание экспертов и председателей, предшествующее заседанию по общей координации, обычно является необходимым условием успеха работы секций.

**C** 为了会议的成功举办,嘉宾和主席必须在正式会议之前进行见面会,对会议程序交流意为了会议的成功举办,嘉宾和主席必须在正式会议之前进行见面会,对会议程序交流意见

발표자들, 패널, 각 세션 진행자 및 부진행자들은 조찬을 함께하며 친목을 도모하고 회의 구성에 대해 논의하기 위해 아침 7시 15분에 모이기로 하였다.

**E** The authors, panelists, session chairmen, and vice-chairmen of each day's sessions will meet at 7.15 a.m. for breakfast, to become better acquainted and to discuss session arrangements.

**R** Докладчики, эксперты, а также председатели и заместители председателей ежедневных заседаний встречаются в 7.15 утра за завтраком, чтобы лучше познакомиться друг с другом и обсудить работу сессии.

**C** 发言人、专家小组成员、分会主席和每天各分会的副主席为了增进了解和商讨会议日程，将于早上7点15分举行早餐会议。

논문은 포스터 발표 형식으로만 발표될 것이다.

**E** Contributed papers will be presented in poster session format only.

**R** Представленные доклады будут демонстрироваться только на стендах.

**C** 论文只在海报会议上以壁报形式发表。

포스터 발표는 호텔에서 진행될 예정이며 일정은 다음과 같다.

**E** The poster sessions will be held at the hotel and are scheduled as follows:

**R** Демонстрация стендовых докладов будет проводиться в гостинице в указанные ниже дни и часы:...

**C** 海报会议将在酒店举行，时间安排如下：

# 회의 의제
## Conference agenda

의제

| agenda | повестка дня: | 议程 |

(내용이) 꽉 찬 의제

| overcrowded~ | перегруженная ~ | 过多议程 |

임시(의제)

| provisional(tentative)~ | предварительная ~ | 临时议程 |

승인된 (의제)

| approved~ | принятая ~ | 审定（议程） |

세션(의제)

| the~for a session | сессия заседания | 单元（议程） |

(의제)~는 다음과 같다

| the ~ is as follows… | ~ следующая… | ~如下 |

현재 상태 그대로

| the ~as it stands | ~ без изменений | 保持现状 |

～의 초안

| | | |
|---|---|---|
| draft of the~ | проект повестки дня | ～的草案 |

～의 항목

| | | |
|---|---|---|
| item(point)of the~(~item) | пункт (вопрос)~ | ～的目录 |

의제에 포함되다

| | | |
|---|---|---|
| to appear on the agenda | значиться, стоять на повестке дня | 见于议程 |

의제에 오른 안건

| | | |
|---|---|---|
| item on the agenda | пункт повестки дня | 议程上的议题 |

～의 검토

| | | |
|---|---|---|
| the examination (consideration)of the~ | рассмотрение ~ | 审查~ |

～에 포함시키다

| | | |
|---|---|---|
| to include(to incorporate) in the~ | включать в повестку дня | 列入~ |

의제에서 제외시키다

| | | |
|---|---|---|
| to delete (to remove) from the agenda | исключить из повестки дня, снять с повестки дня | 从议程中删除 |

승인하다; 인가하다

| | | |
|---|---|---|
| to approve an/the~ | одобрить ~ | 批准 / 通过 |

거부하다

to reject an/the~ | отвергнуть ~ | 拒绝

제안하다

to propose an/the~ | предложить ~ | 建议 / 倡议 / 提议

채택하다

to adopt an/the~ | принять ~ | 通过~

배포하다

to circulate an/the~ | раздать ~ | 传阅

고려하다

to consider an/the~ | рассмотреть ~ | 审议

~를 고수하다(고집하다)

to adhere (to stick) to the ~ | придерживаться ~ | 坚持~

~을 만들다/~을 작성하다

to draw up an/the~ | составлять ~ | 编写~ / 制定~

정하다

to fix an/the~ | установить ~ | 决定

회의
의제

**~를 따르다**

| | | |
|---|---|---|
| to proceed to the~ | переходить (приступать) к повестке дня | 接着做~ |

**의제항목을 정하다**

| | | |
|---|---|---|
| to schedule~ items | распределить пункты повестки дня | 安排项目日程 |

**항목을 삭제하다**

| | | |
|---|---|---|
| to remove(to cross out) a point from the~ | снять вопрос с ~ | 删除项目 |

**안건의 순서를 바꾸다**

| | | |
|---|---|---|
| to change the order of the items | переменить очередность, порядок вопросов | 更改议案顺序 |

**마지막 안건을 논하다**

| | | |
|---|---|---|
| talk about the last topic of the agenda | перенести на конец ~ | 讨论议程的最后一个主题 |

**~에 포함되다**

| | | |
|---|---|---|
| to appear (to be) on the~ | стоять на повестке дня | 列入~ |

**기타 의제**

| | | |
|---|---|---|
| other business; miscelanea; miscellaneous | разное (в повестке дня) | 其他议题 |

**우선순위를 정하다**

| | | |
|---|---|---|
| to establish an order of priority | установить, порядок очередность вопросов | 确定优先顺序 |

---

우선순위가 있다

**to have priority**      иметь приоритет      有优先权

---

우선순위(권)을 부여하다, 선호도, 우선순위

**to accord priority, preference, precedence**      предоставить первоочередность, дать приоритет      赋予优先权

---

최우선 순위(첫번째)

**First priority**      первоочередность      最优先的

---

우선 순위

**a high priority**      высокий приоритет      最优先/高优先级

---

더 높은 우선 순위

**a higher priority**      более высокий приоритет      较高优先级

---

더 낮은 우선 순위

**a lower priority**      более низкий приоритет      较低优先级

**회장은 회의에서 7개의 안건을 내놓았다.**

**E** The chairman proposed a seven point(item) agenda for the meeting.

**R** Председатель предложил собранию повестку дня, состоящую из семи пунктов.

**C** 会议主席提出了7项议题。


**총회의 9개의 안건이 승인되었다.**

**E** The nine items of the agenda for the plenary session were approved.

**R** Были утверждены девять пунктов повестки дня пленарного заседания.

**C** 大会通过了9项议题。


**회의에서 여러 안건에 대한 의견들이 개진되었다.**

**E** During the meeting statements were heard on various agenda items.

**R** Во время заседания был высказан ряд мнений по различным пунктам повестки дня.

**C** 会议中围绕多项议题提出了各种各样的意见。


**이번 안건의 주요 항목 중 하나는 국제 지질 협력 프로그램이다.**

**E** One of the important items on the agenda is the international geological cooperation programme.

**R** Одним из важных пунктов повестки дня является программа международного сотрудничества в области геологии.

**C** 本次议程中的重要议题之一就是国际地质合作项目。


**이번 총회에서 검토될 또 다른 중요한 사안은 다음 컨퍼런스가 열릴 장소와 날짜이다.**

**E** Another important item to be considered by the plenary is the location and dates for the next conference.

**R** На пленарном заседании предстоит рассмотреть еще один важный пункт повестки дня, касающийся места и времени проведения следующей конференции.

**C** 本次大会上要讨论的另一个重要议题就是举办下届大会的时间和地点。

▶ 패널은 계속해서 안건의 항목들을 검토해 나갔다.

**E** The panel continued with consideration of the agenda items.

**R** На заседании группы специалистов продолжалось обсуждение пунктов повестки дня.

**C** 参会人继续审议各项议题。

▶ 안건의 초안은 컨퍼런스 참석자 모두에게 발송되었다.

**E** A draft of the agenda was sent to all conference participants.

**R** Проект повестки дня был разослан всем участникам конференции.

**C** 议题草案已发送给各位参会人。

▶ 회장: "지금부터 의제를 발표하겠습니다."

**E** The Chairman: "Now I'm going to read the agenda."

**R** Председатель собрания: "Сейчас я оглашу повестку дня".

**C** 主席：“现在开始宣布议题。”

▶ 우리는 첫번째 안건에 대한 논의부터 시작할 것입니다.

**E** We'll start with the first point on the agenda.

**R** Приступаем к первому пункту повестки дня.

**C** 我们从议程的第一项议题开始讨论。

▶ 우리는 이 항목을 의제에서 삭제할 것을 건의합니다.

**E** We sugget crossing out(removing) this point from the agenda.

**R** Предлагаем исключить этот пункт из повестки дня.

**C** 我们建议把这一项从议题中删除。

▶ N교수가 두번째 안건에 대해 발표하실것입니다.

**E** Prof. N. will speak on the second item on the agenda.

**R** Проф. Н. Выступит по второму пункту повестки дня.

**C** N教授将要就本次议程的第二项议题发表演讲。

이제 세 번째 안건에 관한 논의를 마무리 하겠습니다.

**E** We will now close the discussion on the third item on the agenda.

**R** На этом мы заканчиваем обсуждение третьего пункта повестки дня.

**C** 我们将结束关于议程上第三项议题的讨论。

의제는 개략적으로 다음과 같습니다.

**E** The agenda will probably be approximately as follows:···

**R** Повестка дня будет в общих чертах следующей: ···

**C** 今天讨论的议题大致如下：

의제의 기한은 신중히 설정되어야 하며 지나치게 많은 항목이 포함되는 것도 피해야한다.

**E** The agenda must be carefully timed and overcrowding avoided.

**R** Повестку дня следует тщательно рассчитать по времени, не допуская ее перегруженности.

**C** 在慎重安排议程时间的同时，还应避免包括过多的议题。

본 의제가 대표단에게 모두 배포되지 못한 경우, 회장이 이를 낭독할 것이다.

**E** If the agenda has not been circulated to the delegates, it should be read by the Chairman.

**R** Если повестка дня не была заранее разослана делегатам, председатель (собрания) должен огласить ее.

**C** 如果议题未能发送给所有的代表团，主席将向大家朗读议题。

모든 수정사항이 제출되면 의제가 작성될 것이다.

**E** When all the amendments are handed the agenda will be drawn up.

**R** Повестка дня будет составляться после представления поправок к ней.

**C** 当分发完所有的修订案后，将起草议程。

▶ 의장은 본 의제와 관련해 발생할 수 있는 모든 결과를 숙지하고 있어야 한다.

**E** The Chairman is, or should be in a position to know all the ramifications of the business on the agenda.

**R** Лрелселатеь собрания должен досконально знать все тонкости вопросов, включенных в повестку дня.

**C** 会议主席应熟知关于这项议题可能会产生的所有问题和后果。


▶ 반복적인 회의 진행 방해는 저지해야 한다.

**E** The constant interruption of a meeting on points of order is to be avoided.

**R** Следует избегать постоянного прерывания работы заседания для обсуждения процедурных вопросов.

**C** 根据会议议事规则，反复妨碍会议进行的行为应受到阻止。

# 보고서, 성명서
## Report, statement

### 보고서

| | | |
|---|---|---|
| **paper, report** | доклад: | 报告（书） |

### 연례 보고서

| | | |
|---|---|---|
| **annual ~** | ежегодный ~ | 年度报告/年报 |

### 최종 보고서

| | | |
|---|---|---|
| **final ~** | заключительный ~ | 最终报告 |

### 사전 보고서

| | | |
|---|---|---|
| **preliminary~** | предварительный ~ | 初步报告 |

### 임시 보고서

| | | |
|---|---|---|
| **provisional~** | временный~ | 临时报告 |

### 중간 보고서

| | | |
|---|---|---|
| **interim~** | промежуточный~ | 中期报告 |

### 총괄, 월간, 분기, 반기, 연례 보고서

| | | |
|---|---|---|
| **general, monthly, quarterly, six-monthly, annual report** | общий, ежемесячный, квартальный, полугодовой, годовой доклад, отчет | 总，月度，季度，半年，年度报告 |

다수 의견서, 소수 의견서(반대 의견서)

| majority, minority report | доклад большинства, меньшинства | 多数派报告, 少数派报告 |

정보 보고서

| information ~ | информационный ~ | 信息报告 |

요약 보고서

| summary ~ | краткий ~ | 简要报告/报告书（简要本） |

논문

| paper | научный ~ | 论文 |

검토보고서

| review ~ | обзорный ~ | 审查报告 |

주요(배경) 보고서

| main(background) ~ | основной ~ | 主要（背景）报告 |

활동 보고서

| activity ~ | отчетный ~ | 活动报告 |

총괄 보고서

| plenary ~ | пленарный ~ | 总结报告 |

상세 보고서

| detailed ~ | подробный ~ | 详细报告 |

**부분 보고서**

| | | |
|---|---|---|
| section ~ | секционный ~ | 部分报告 |

**포스터 보고서**

| | | |
|---|---|---|
| poster ~ | стендовый ~ | 海报报告 |

**실태보고서**

| | | |
|---|---|---|
| factual report | ~, содержащий фактичекий материал | 事实报告 |

**경영 보고서**

| | | |
|---|---|---|
| report on the management | ~ об управлении... | 管理报告 |

**~활동 보고서**

| | | |
|---|---|---|
| report on the activity of ~ | ~ о деятельности... | 有关~活动的报告 |

**중간 보고서**

| | | |
|---|---|---|
| progress ~ | ~ о ходе работы/ ~ о достигнутых результатах | 进度报告 |

**초청 논문**

| | | |
|---|---|---|
| invited paper | ~ приглашенного участника | 特邀论文 |

**전문가 논문**

| | | |
|---|---|---|
| expert paper | ~ экспертов | 专业论文 |

**논문 개요**

| abstract(brief summary) of a paper | краткое изложение доклада | 论文摘要 |

**논문 접수**

| receipt of a ~ | получение ~ | 接收论文 |

**논문 주제**

| subject of a ~ | тема ~ | 论文主题 |

**논문 주제에 집중하다**

| to keep to the point at issue; to keep to the subject | не отступать от темы ~ | 扣住论文要点, 紧扣论文主题 |

**논문 사본**

| copy of a paper | экземпляр ~ | 论文副本 |

**논문(보고서)에 포함시키다**

| to include in a paper(report) | включить в доклад | 包括在论文（报告）里 |

**보고서를 수정보완하다**

| to bring a ~ up to date(to update) | "включить в ~ последние данные включить в ~ самые последние сведения" | 修改报告 |

**보고서에 기술, 언급하다, 포함시키다**

| to state, to mention, to include in a report | занести, включить в доклад | 在报告中记录/提及/包括 |

컨퍼런스 프로그램에 논문을 포함하다

| | | |
|---|---|---|
| to schedule a paper for a conference | включить ~ в программу конференции | 为了会议安排一份论文 |

(논문을 통해)아이디어를 개진하다

| | | |
|---|---|---|
| to advance an idea on… | высказать (в докладе) мысль о … | （通过论文）提出一个创意 |

논문을 발표하다

| | | |
|---|---|---|
| to read (to give) a paper | выступить с докладом | 发表论文 |

논문을 간략히 소개하다

| | | |
|---|---|---|
| to give a brief summary (an abstract) of a ~ | дать краткое изложение доклада | 简单地介绍论文 |

논문을 검토하다

| | | |
|---|---|---|
| to review a ~ | дать рецензию на доклад | 审阅论文 |

논문을 발표하다

| | | |
|---|---|---|
| to read (to present, to deliver) a ~ | делать ~ | 发表演讲 |

발표시간을 제한하다

| | | |
|---|---|---|
| to limit presentation | ограничить время доклада | 限制演讲时间 |

논문을 승인하다

| | | |
|---|---|---|
| to approve a ~ | одобрить доклад | 通过论文 |

논문을 게재하다

to publish a ~　　　　　опубликовать ~　　　　　刊载论文，发表论文

논문을 거절하다

to reject a ~　　　　　отклонить ~　　　　　拒绝论文

논문을 연기하다

to postpone a ~　　　　　отложить ~　　　　　推迟论文投稿时间

논문을 선정하다

to select a ~　　　　　отобрать (выбрать) ~　　　　　挑选论文

논문을 준비하다

to prepare(to draw up) a ~　　　　　подготовить ~　　　　　准备论文

논문을 접수하다

to receive a ~　　　　　получить ~　　　　　收到论文

논문을 발송하다

to send a ~　　　　　послать ~　　　　　发送论文

논문을 제출하다

to present(to submit, to offer, to contribute) a ~　　　　　представить ~　　　　　提交论文

논문을 채택하다

to accept a ~　　　　　принять ~　　　　　接受论文，通过论文

**논문집을 배포하다**

| | | |
|---|---|---|
| to distribute (to circulate) papers(among the participants) | распространять доклады (среди участников) | 分发论文 |

**논문에서 언급하다**

| | | |
|---|---|---|
| to mention sth in a paper | упоминать ч. -л. в докладе | 在论文中提及 |

**보고서**

| | | |
|---|---|---|
| report, account: | отчет: | 报告 |

**연례 보고서**

| | | |
|---|---|---|
| annual ~ | годичный (годовой, ежегодный) ~ | 年度报告 |

**월례 보고서**

| | | |
|---|---|---|
| monthly ~ | ежемесячный ~ | 月度报告 |

**정보 보고서**

| | | |
|---|---|---|
| information ~ | информационный ~ | 信息报告 |

**분기별 보고서**

| | | |
|---|---|---|
| quarterly~ | квартальный ~ | 季度报告 |

**단기 보고서**

| | | |
|---|---|---|
| short term~ | краткий ~ | 短期报告 |

**일반 보고서**

| | | |
|---|---|---|
| general ~ | общий ~ | 一总报告 |

공식 보고서

| official ~ | официальный ~ | 官方报告 |

상세한 보고서

| detailed ~ | подробный ~ | 详细报告 |

전체 보고서

| full ~ | полный ~ | 报告全文 |

서면 보고서

| ~ in writing(in written form) | письменный ~ | 书面报告 |

예비 보고서

| preliminary ~ | предварительный ~ | 初步报告 |

구두 보고서

| oral ~ | устный ~ | 口头报告 |

재무 보고서

| financial ~ | финансовый ~ | 财务报告 |

위원회 활동 보고서

| activity(activities) report of the committee | ~ комиссии о работе | 委员会工作报告 |

과학분야 보고서

| scientific ~ | ~ о научной работе | 科学报告 |

보고서 초안
draft of a ~     проект отчета     报告草案

보고서에 포함하다
to include in a ~     включить в отчет     包括在报告中

보고를 듣다
to hear a ~     заслушать ~     听报告

보고서를 승인하다
to approve a ~     одобрить ~     通过报告

보고서를 연기하다
to postpone a ~     отложить ~     推迟报告

보고서를 준비하다
to prepare(to draw up) a ~     подготовить ~     准备报告

보고서를 제출하다
to present(to submit, to contribute) a ~     представить ~     提交报告

보고서를 서면으로 제출하다
to present(to submit) a paper / report in writing (in written form)     представить доклад / отчет в письменном виде     以书面形式提交报告

환영
welcome     приветствие     欢迎

환영하다

| to welcome | приветствовать | 欢迎 |

연설

| address, speech | речь (обращение) | 演讲 |

모임에서 연설하다

| to address a meeting | выступать с речью на собрании | 在会议上发表演讲 |

연설:

| address, speech: | слово (речь): | 演讲 |

개회사

| opening ~ | вступительное ~ | 开幕词 |

폐회사

| closing ~ | заключительное ~ | 闭幕词 |

환영사

| welcome ~ | приветственное ~ | 欢迎词 |

커뮤니케이션; 발표; 성명

| communication; presentation; statement | общение, презентация, заявление | 沟通；发表；声明 |

의장의 보고서 승인은 최종 회의로 연기되었다.

**E** The approval of the President's report was postponed to the final session

**R** Вопрос об одобрении доклада президента был перенесен на заключительное заседание.

**C** 主席报告的批准被推迟到最后一次会议。


실무 그룹의 활동 보고서는 회의 초반에 총회 회원들에게 공개되어야 한다.

**E** The activities reports of the working groups should be available to the plenary members rather early in the meeting

**R** Доклады о деятельности рабочих групп должны быть представлены участникам пленарного заседания в начале собрания.

**C** 工作组的活动报告应在会议开始时向大会会员公开。


2000년 여름 스톡홀름에서 성공적인 컨퍼런스가 개최되었으며 상세한 보고서가 준비되었다.

**E** In the summer of 2000 a highly successful conference was held in Stockholm and a detailed report was prepared.

**R** Летом 2000 г. в Стокгольме была проведена чрезвычайно успешная конференция, по материалам которой был подготовлен подробный отчет.

**C** 2000年夏季在斯德哥尔摩举行的会议圆满成功，已准备好详细报告。


보고서 전문을 받을 수 있다.

**E** A full report is available.

**R** Имеется возможность получить полный текст доклада.

**C** 可获得完整的报告。


의장의 구두 보고가 있었다.

**E** Oral reports from the Chairmen were heard.

**R** Были заслушаны устные сообщения председателей (комитетов).

**C** 听取了主席的口头报告。

심포지엄과 첫 본회의에서 40개 이상의 논문이 발표될 예정이다.

**E** More than 40 papers are scheduled for presentation during the symposia and open meetings.

**R** Более 40 докладов будут представлены и заслушаны на симпозиумах и открытых заседаниях.

**C** 计划在研讨会和公开会议上介绍40篇以上的论文。

B교수는 이 문제의 역사적 배경에 대해 간략한 보고를 했다.

**E** Prof. B. gave a brief report in the historical background of the problem.

**R** Проф. Б. представил краткий доклад по истории вопроса.

**C** B教授对该问题的历史背景作了简短的报告。

F교수는 위원회가 발족한 지난 1989년 이후의 활동에 대해 간략히 소개했다.

**E** Prof. F. gave a brief summary of the work of the committee since its foundation in 1989.

**R** Проф. Ф. зачитал краткий отчет о результатах работы комитета с момента его основания в 1989 г.

**C** F教授简要地介绍了委员会自1989年成立以后的活动。

일부 보고서들은 실무그룹 회의에서 발표되었다.

**E** Some papers were presented during the open meetings of the working group.

**R** Некоторые доклады были прочитаны на открытых заседаниях рабочей группы.

**C** 在工作组的公开会议上介绍了几份报告。

발표자 : "저는 G 교수가 제 1회 국제 방사선 방호 위원회에서 발표한 논문을 인용하겠습니다."

**E** AUTHOR: "I refer you to the paper presented by Prof. G. at the First International Congress of Radiation Protection."

**R** ДОКЛАДЧИК : "Я отсылаю вас к докладу, представленному проф. Г на Первом междунаодном конгрессе по радиационной защите".

**C** 主讲人：我要引用一下G教授在第一届国际辐射防护委员会上发表的论文。

우리나라를 방문해 주신 총회 참석자 여러분 환영합니다.

**E** We are pleased (happy, glad) to welcome the congress participants in this country.

**R** Нам приятно (мы счастливы, рады) приветствовать участников конгресса в нашей стране.

**C** 热烈欢迎各位嘉宾访问我国。

위원회는 여러분의 기고가 참가자들에게 귀중한 자료가 될 것이라고 생각합니다.

**E** The committee feels that the contributions will be of value to those participating.

**R** Комитет полагает, что представленные сообщения будут представлять интерес для участников (конгресса).

**C** 委员会认为大家的投稿是一笔宝贵的资料。

논문 (원본 1부와 복사본 4부)은 2000년 8월 15일까지 제출하여 주십시오.

**E** Papers (one original plus four copies) must be submitted by August 15, 2000.

**R** Доклады (первый экземпляр и четыре копии) должны быть представлены к 15 августа 2000 г.

**C** 请到2000年8月15日报送论文（正本一份和副本四份）。

다음 주제에 관한 논문을 발표신청해주시기 바랍니다.

**E** Papers are solicited on the following problems:

**R** Принимаются доклады по следующим проблемам : ...

**C** 论文要与以下的主题有关。

논문 기고 희망자는 2001년 3월 31일 마감일까지 200자 내외의 논문 초록을 2부 작성하여 제출해 주시기 바랍니다.

**E** Authors who wish to contribute a paper must submit an abstract of approximately 200 words in duplicate by March 31, 2001 as a deadline.

**R** Авторы, которые желаю представить доклад, должны выслать резюме объемом около 200 слов в двух экземплярах не позднее 31 матра 2001 г.

**C** 有意投稿者请于2001年3月31日之前提交两份200字左右的论文摘要。

논문 최종본은 11월 15일까지 제출해주시기 바랍니다.

**E** Papers in final form must be submitted by November 15.

**R** Доклады в окончательной форме должны быть представлены к 15 ноября.

**C** 请于11月15日之前提交论文全文。

보고서 발표를 위해 충분한 연습이 필요합니다.

**E** Practice is required to read a report properly.

**R** Для того, чтобы прочесть доклад надлежащим образом, требуется (определенная) практика.

**C** 希望大家为发表报告做好充分的准备。

연차총회에서 채택되는 보고서는 즉시 인쇄하여 학회 각 회원들에게 발송될 것입니다.

**E** As soon as the reports have been adopted by the annual general meeting, they must be printed and a copy sent to each member of the Society.

**R** Принятые годичным общим собранием отчеты будут отпечатыны типографским способом и разосланы все членам Общества.

**C** 报告获年度大会通过后，就会立即印刷后发送给学会各会员。

논문은 영어, 불어 혹은 독일어로 컴퓨터로 작성해 주시기 바랍니다.

**E** Papers should be typed on the computer in English, French or German.

**R** Доклады должны быть напечатаны на компьютере на английском, французском или немецком языках.

**C** 论文应以英文、法文或德文存储成电脑文件。

150자 이하의 논문 초록이 모든 발표자료에 포함되어야 합니다.

**E** Abstracts of not more than 150 words must be included for all presentations.

**R** Все сообщения должны включать резюме объемом не более 150 слов.

**C** 所有的发表资料应包括150字以下的论文摘要。

제출된 논문 수에 따라, 각각 20분의 시간이 할당될 것입니다.

**E** Depending upon the number of papers offered, it is hoped to provide periods of 20 minutes for each.

**R** Исходя из количества представленных докладов на сообщение по каждому может быть отведено 20 минут.

**C** 希望给每一位演讲者20分钟的报告时间。


발표자 불참시 논문 대독은 허용하지 않습니다.

**E** Papers will not be accepted for reading in absentia.

**R** В отсутствие докладчиков из сообщения зачитываться не будут.

**C** 不得替来出席的演讲人宣读论文。


마감일 이후 도착한 논문은 제외됩니다.

**E** Papers received after the deadline, may not be accepted.

**R** Доклады, полученные после установленного срока, не принимаются.

**C** 超过截止日期的论文为无效论文。


발표자는 심포지엄 주최측에 발표문을 전달해 주시기 바랍니다.

**E** The speakers will be requested to deliver the text of their papers to the organizers of the symposium.

**R** Просьба к выступающим представить организаторам симпозиума тексты докладов.

**C** 演讲人应向研讨会主办方报送论文内容。


10분 정도로 발표시간을 제한해야합니다.

**E** It is necessary to limit time of presentation to about 10 minutes.

**R** Необходимо ограничить время выступления приблизительно 10 минутами.

**C** 发言时间应限制在10分钟以内。

"귀하가 기고하신 두 편의 논문을 컨퍼런스 프로그램에 포함하기로한 조직위원회의 결정을 알려드리게 되어 매우 기쁘게 생각합니다." (서신 중에서)

**E** "I now have much pleasure in writing to advise you that the organizing committee had accepted your two contributions for inclusion in the programme for the conference" (from a letter)

**R** "Настоящим имею честь уведомить Вас о том, что организационный комитет принял оба Ваших доклада и включил их в программу конференции". (из письма)

**C** 我们很高兴地通知您，组织委员会已经决定将您提交的两篇论文选入研讨会日程。（摘自信件）


제출된 논문은 오직 컨퍼런스 프로그램 적합성에 근거하여 심사 후 채택됩니다.

**E** Papers submitted are reviewed and then selected solely on the basis of their suitability for inclusion in the programme of the conference.

**R** Представленные доклады рецензируются и затем отбираются исключительно на основе их соответствия программе конференции.

**C** 所提交的论文完全根据是否适宜将其列入会议日程进行评审后选定。


조직 위원회는 학문적 수준이 높지 않은 논문에 대해서는 거절할 권한을 가지고 있습니다.

**E** The organizing committee reserves the right to reject papers of insufficiently high standard.

**R** Организационный комитет оставляет за собой право отклонить доклады недостаточно высокого научного уровня.

**C** 组织委员会有权拒绝未达标准的论文。


연차 보고서는 지난 한해 동안 조직의 업무에 관해 정확하게 사실을 기록하여야 하며, 명확하고 논리적이며 간결하게 작성되어야 합니다.

**E** Annual reports should comprise an accurate factual history of the work of the organization during the previous year, and must be clear, logical and concise.

**R** Годовые отчеты должны включать точное фактическое описание работы данной организации за истекший год ; они должны быть ясными, логически построенными и краткими.

**C** 年度报告应准确如实地记载过去一年的组织活动，要写得明确、简洁、有逻辑。

회계보고서는 지나치게 많은 숫자를 포함하지 않도록 합니다.

**E** The financial report should avoid giving too many figures.

**R** В финансовом отчете следует избегать слишком большого колчества цифр.

**C** 财务报告不应包括过多的数字。

논문 발표 희망자가 개인이 반드시 후원 협회 관련자일 필요는 없습니다.

**E** Individuals who wish to present a paper need not be affiliated with any of the sponsoring societies.

**R** Лица, желающие представить доклад, не обязательно должны быть членами обществ, выслупающих в роли спонсора (конференции).

**C** 希望发表论文的人不必一定是与赞助协会有关的人士。

논문 기고 희망자는 서식 A를 작성해야한다.

**E** Those wishing to contribute papers should fill in form A.

**R** Желающие представить доклад заполняют форму А.

**C** 希望投稿者请采用A格式。

모든 논문의 초록은 현장에서 모든 등록자에게 배부되도록 별도의 책자로 발간될 것입니다.

**E** Abstracts for all papers will be found in a separate volume, which is available on site to all registrants.

**R** Резюме всех докладов будут опубликованы отдельными томом, который можно будет получить при регистрации.

**C** 所有论文提要都将收录在向注册来宾发放的手册中。

논문 초록은 공식 대표단과 초대인사 모두에게 배부됩니다.

**E** Abstracts of papers will be available to both official delegates and invited observers.

**R** Резюме докладов смогут получить как официальные делегаты, так и приглашенные наблюдатели.

**C** 向官方代表团和来宾均提供论文摘要。

논문 초록은 편집없이 직접 사진 오프셋으로 인쇄되므로, 논문저자가 인쇄된 내용에 모든 책임을 집니다.

**E** The abstracts will be published directly by photo-offset and without any editing. Authors must therefore take full responsibility for the correctness of the contents.

**R** Резуюме (докладов) будут опубликованы фотоофсетным способом без редактирования. В связи с этим авторы должны нести полную ответственность за их содержание.

**C** 由于论文摘要是在未经编辑的情况下直接影印出版，因此作者应对内容的准确性承担全部责任。

# 논의
## Discussion

질문

| | | |
|---|---|---|
| question | вопрос | 提问, 问题 |

질문하다

| | | |
|---|---|---|
| to ask a ~ | задавать ~ | 提问 |

우발적인 문제를 제기하다

| | | |
|---|---|---|
| to raise an incidental matter | задать побочный вопрос | 提出一个附带的问题 |

이전 문제를 제기하다

| | | |
|---|---|---|
| to raise a previous question | задать предварительный вопрос | 提出一个先决问题 |

해당 사안을 진전시키기 전에 해결해야 할 문제를 제기하다

| | | |
|---|---|---|
| to raise a question which must be solved before the matter can be pursued further | задать вопрос, требующий немедленного решения | 提出一个在讨论继续进行前必须加以解决的问题 |

질문에 답변하다

| | | |
|---|---|---|
| to answer (to respond to) a ~ | ответить на ~ | 回答 |

논의

문제

| | | |
|---|---|---|
| problem (question; matter): | вопрос (проблема) : | 问题 |

시급한 문제

| | | |
|---|---|---|
| urgent (pressing) ~ | неотложный ~ | 紧迫的问题 |

쟁점 사안

| | | |
|---|---|---|
| ~ under discussion; ~ in question | рассматриваемый ~ | 争论焦点 |

시의적절한 (문제)

| | | |
|---|---|---|
| timely ~ | своевременный ~ | 切合时宜的 |

문제에 관해 의견을 말하다

| | | |
|---|---|---|
| to comment on a problem | комментировать ~ | 对问题提出意见 |

문제를 논의하다

| | | |
|---|---|---|
| to discuss a ~ | обсуждать ~ | 讨论问题 |

문제를 부인하다

| | | |
|---|---|---|
| to reject a ~ | отклонить ~ | 否认问题 |

문제를 제기하다

| | | |
|---|---|---|
| to raise a ~ | поднять ~ | 提出问题 |

원칙에 이의를 제기하다

**to raise an objection of principle** | поднять принципиальное возражение | 提出原则性的反对意见

원칙적으로 반대하다

**to object in principle** | возражать в принципе | 在原则上反对

문제를 명확히 하다

**to clarify a ~** | разъяснять ~ | 明确问题

문제의 본질을 다루다

**to come to the substance (the merits) of the matter** | перейти к ~ по существу | 开始讨论实质问题

문제를 ~으로부터 분리하다

**to separate a ~ from...** | отделить ~ | 把某一问题和~分开

문제를 제외하다/일축하다

**to exclude (discard)** | исключить ~ | 排除(抛弃)

문제를 고려하다

**to consider a ~** | рассматривать ~ | 考虑问题

문제를 해결하다

**to solve a ~** | решить ~ | 解决问题

논의

**discussion:** | дискуссия : | 讨论

비공식적인 논의

| informal ~ | неофициальная ~ | 非正式讨论 |

자세한 논의

| detailed ~ | обстоятельная ~ | 详细的讨论 |

일반적 논의

| general ~ | общая ~ | 一般性讨论，综合讨论 |

활발한 논의

| lively ~ | оживленная ~ | 热烈的讨论 |

생산적 논의

| fruitful ~ | плодотворная ~ | 富有成效的讨论 |

비공식적인 논의를 위해 시간과 공간을 제공하다

| to provide time and space for informal ~ | предоставить время и место для неофициальной дискуссии | 为非正式讨论提供时间和空间 |

비공개 논의

| private ~ | дискуссия в узком кругу | 非公开讨论 |

광범위한 논의

| wide-ranging ~ | ~ по широкому кругу вопросов | 广泛的讨论 |

특별한 문제에 대한 논의

| ~ on special questions | ~ по особым вопросам | 对特殊问题的讨论 |

패널 토의

| panel ~ | ~ специалистов (по определенному вопросу) | 分组讨论 |

논의의 활력소

| animator of a ~ | лицо, поддерживающее ход дискуссии | 使讨论更加激烈 |

논의의 주제

| subject of a ~ | предмет ~ | 讨论的主题 |

논의의 결과/목적

| outcome/purpose (aim) of a ~ | результат / цель ~ | 讨论的结果，讨论的目的 |

논의를 일으키다

| to provoke a ~ | вызвать дискуссию | 引起讨论 |

논의를 마무리하다

| to close a ~ | закрыть ~ | 结束讨论 |

논의를 감독하다

| to direct a ~ | направлять ~ | 指导讨论 |

논의를 시작하다

| to initiate (to open) a ~ | начать (открывать) ~ | 开始讨论 |

논의를 연기하다

| to postpone (to adjourn) a ~ | отложить дискуссию ~ | 推迟讨论 |

논의를 중단하다

| to suspend a ~ | приостановить ~ | 暂停讨论 |

논의를 방해하다

| to interrupt a ~ | прервать ~ | 打断讨论 |

연사를 방해하다

| to interrupt a speaker | прервать оратора | 打断演讲者 |

논의하다

| to hold a ~ | проводить ~ | 进行讨论 |

논의의 시작을 선언하다

| to declare the ~ open | объявить ~ открытой | 宣布讨论开始 |

논의를 위해 시간을 할애하다

| to allow time for ~ | отводить время на ~ | 留出时间讨论 |

논의를 속행하다

| to proceed to (to take up, to come to) a ~ | приступить к дискуссии | 继续进行讨论 |

의견

| opinion: | мнение : | 意见 |

**반대 의견**

dissenting ~　　　　　особое ~　　　　　反对意见

**의견 교환**

exchange of ~　　　　обмен мнениями　　　交换意见

**자신의 의견을 내놓다**

to voice one's ~　　　выразить свое мнение　　提出自己的意见

**~의 의견을 공유하다**

to share smb's~　　　разделить чье-л. ~　　分享~的意见

**제 생각에는**

in my ~　　　　　по моему мнению　　　在我看来~

**(회의에서) 합의된 바를 취하다**

to take the consensus of　　лринять решение　　接受会议所达成的意识
the meeting　　　　　　　заседания

**회의에서 의견을 묻다**

to consult the meeting　　узнать мнение собрания　　征求与会者的意见

**동기**

motivation　　　　мотивировка　　　动机

**동기를 유발하다**

to motivate　　　　мотивировать　　　激励

**제안**

| | | |
|---|---|---|
| motion | предложение | 动议；提议 |

**제안, 초안, 조항, 보고서, 개정안을 수정하다**

| | | |
|---|---|---|
| to amend a proposal, a draft, an article, a report, an amendment | поправить/исправить предложение, проект, статью, доклад, поправку | 修正建议、草案、条款、报告、修正案 |

**제안에 찬성하는 입장을 취하다**

| | | |
|---|---|---|
| to take a stand for a proposal | высказаться за предложение | 赞成建议 |

**제안을 지지하다**

| | | |
|---|---|---|
| to support a proposal | поддержать предлодение | 支持建议 |

**제안을 반대하다**

| | | |
|---|---|---|
| to oppose a proposal | возражать против предложения | 反对建议 |

**일시적인 제안**

| | | |
|---|---|---|
| a tentative suggestion | временное предложение | 试探性 建议 |

**제안/반대제안을 제시하다**

| | | |
|---|---|---|
| to make, to move, to table a proposal, a counter-proposal | внести предложение, контр-предложение | 提出建议（反建议） |

**~의 제안에 대해**

| | | |
|---|---|---|
| on the proposal of | по предложению | 关于~的建议 |

제안하다

| | | |
|---|---|---|
| to make (to bring forward) a ~ | внести (выдвинуть) ~ | 提出建议 |

제안을 거절하다

| | | |
|---|---|---|
| to reject a ~ | отклонить ~ | 拒绝建议 |

제안을 채택하다

| | | |
|---|---|---|
| to adopt (to carry) a ~ | принять ~ | 采纳建议 |

발의하다

| | | |
|---|---|---|
| to take the initiative | принять на себя инициативу | 倡议 |

발의권을 가지다

| | | |
|---|---|---|
| to have the initiative | инициатива принадлежит | 有倡议权 |

발의권을 거부하다

| | | |
|---|---|---|
| to refuse to take the initiative | отказаться взять на себя инициативу | 决绝倡议 |

제안을 표결에 부치다

| | | |
|---|---|---|
| to put the ~ to vote | поставить ~ на голосование | 把提案交付表决 |

토론

| | | |
|---|---|---|
| debate | прения | 辩论 |

토론의 주제

| subject of a ~ | тема прений | 讨论主题 |

토론에 개입하다

| to intervene in a debate | принять участие в прениях | 参加辩论 |

토론을 재개하다

| to resume a ~ | возобновить прения | 继续辩论 |

토론을 마무리하다

| to close the ~ | прекратить ~ | 结束辩论 |

시한/기한

| time-limit | регламент | 时限 |

시한을 어기다

| to break the ~ | нарушить ~ | 超过时限 |

토론을 방해하다

| to disturb the debate | нарушить порядок во время прений | 妨碍讨论 |

토론/개회/논의를 중단하다

| to suspend the debate (the sitting, the discussion) | прервать прения (заседание, обсуждение) | 暂停辩论 (会议, 讨论) |

**～를 지키다**

| to keep to (within) the ~ | придерживаться регламента | 遵守时限 |

**～를 정하다**

| to set up (to fix) the ~ | установить регламент | 设置时限 |

**주제**

| subject; topic: | тема | 主题 |

**기본 주제**

| basic ~ | основная ~ | 基本主题 |

**논의 주제**

| ~ of the discussion | ~ (предмет) дискуссии | 讨论主题 |

**관점**

| point of view; viewpoint; views: | точка зрения : | 观点 |

**개인적 관점**

| personal view | личная ~ | 个人观点 |

**～의 관점을 제시하다**

| to give one's point of view | высказывать точку зрения | 提出~的观点 |

**발언권**

| right to speak | предоставление слова и лишение слова | 发言权 |

발언하다/회의에서 연설하다

to take the floor, to address the meeting | выступать | 发言/在会议上做演讲

~에게 발언권을 넘기다

to give up one's turn to speak in favour of, to yield to | уступить свою очередь | 把自己的发言机会让给~

발언기회를 요청하다

to ask to be heard | просить быть заслушенным | 要求发言机会

연사명단에 이름을 올리다

to put one's name on the list of speakers | записаться список ораторов | 将~的名字列入发言人名单

연사명단이 종료되다

the list of speakers is closed | список ораторов закрыт | 发言登记已经截止

연설 시간을 제한하다

to restrict, to limit, the time accorded to speakers | ограничить время выступления | 限制发言时间

다음 차례에 답변권을 확보하다

to reserve one's right to answer at a later stage | оставить за собой право ответить позднее | 保留以后再答复的权利

제자리에서 발언하다

to speak from one's place | говорить с места | 在自己的座位上发言

마이크를 사용해서 발언하다

to speak into the microphone | говорить в микрофон | 对着麦克风讲话

의사규칙

rules of procedure | правила процедуры | 议事规则

의사규칙을 적용하다

to apply the ~ | применять ~ | 适用议事规则

의사규칙(관습/전통)을 고수하다

to adhere to the ~ (the custom, the tradition) | придерживаться правил, обычаев, традиций | 遵守议事规则（习惯/传统）

~규칙에 따르다

to submit to the rules governing… | подчиниться правилам, регулирующим… | 服从有关~的规则

다수결의 결정에 맡기다

to leave it to the decision of the majority | подчиниться решению большинства | 少数服从多数

규칙을 준수하다

to conform to the rules, to comply with the requirements of the rules | соблюдать ~ | 遵守规则

(회의가) 열리다, 개최되다

| | | |
|---|---|---|
| **call to order** | призыв к порядку | 宣布开会 |

의사규칙 조항을 상기시키다

| | | |
|---|---|---|
| **to recall, remind of, the terms of the rules** | напомнить о положениях правил процедуры | 提醒规则的条款 |

규정을 해석(설명)하다

| | | |
|---|---|---|
| **to interpret (to construe) the rules** | толковать ~ | 解释规则 |

위반하다

| | | |
|---|---|---|
| **to commit an infringement** | нарушить ~ | 违反规则 |

규정 위반에 대해 언급하다

| | | |
|---|---|---|
| **to note an infringement, a violation of the rules** | констатировать нарушение правил процедуры | 指出违规适宜 |

규정을 연기하다(미루다)

| | | |
|---|---|---|
| **to suspend (to waive) the rules** | приостановить действие правил процедуры | 暂停适用规则 |

능력, 권한

| | | |
|---|---|---|
| **competence** | компетенция | 能力，权限 |

월권으로

| | | |
|---|---|---|
| **Ultra vires** | "Ultra vires", вне компетенции | 越权 |

**～에 이의를 제기하다**

| to challenge the ~ | оспаривать компетенцию, правомочность | 对~提出异议 |

**(～에 있어) 자신의 의견을 말하다**

| to declare oneself to be ~ (in ~) | обявить себя компетентным (некомпетентным) | （关于~）发表自己的意见 |

**판결, 결정**

| ruling | постановление | 判决，裁定 |

**판결을 내리다**

| to give a ~ | вынести председательское ~ | 作出裁定；判决 |

**최종 판결을 내리다**

| to give a final ~ | вынести окончательное ~ | 作出最后裁定，做最终判决 |

**판결을 요청하다**

| to ask for a ~ | просить председателя вынести ~ | 要求（主席）作出裁定 |

**자유재량권을 발휘하다**

| to exercise a discretionary power | использовать свои дискреционные полномочия | 行使酌情权 |

**의장의 권한을 발휘하다**

| to invoke the chairman's authority | сослаться на авторитет председателя | 行使主席职权 |

**선례를 적용하다**

| to invoke a precedent | сослаться на прецедент | 援引先例 |

**선례를 만드는 것을 피하다, 선례를 만드는 것을 두려워하다**

| | | |
|---|---|---|
| to avoid creating a precedent, to fear that a precedent might be created | избегать создания прецедента, бояться создать прецедент | 避免开先例<br>惟恐开先例 |

**법학이론을 참고하다**

| | | |
|---|---|---|
| to refer to the jurisprudence | сослаться на юриспруденцию | 参照法学理论 |

**기존 방식을 참고하다**

| | | |
|---|---|---|
| to refer to existing traditions | сослаться на установившийся порядок, на существующие традиции | 参照现有惯例 |

**원문을 참고하다**

| | | |
|---|---|---|
| to refer to the text | сослаться на текст | 参照原文 |

▶ 회의에서 진행된 논의에서 다음과 같은 사항이 제안되었습니다.
- **E** A discussion took place during the meeting and the following was proposed.
- **R** На заседании состоялась дискуссия, в результате которой было предложено следующее...
- **C** 经过会议讨论，提出了如下建议。

▶ 문제에 대한 만족스러운 해결책을 모색하기 위해 바르나에서 비공식 논의를 수 차례 가졌습니다.
- **E** A number of informal discussions aimed at finding some satisfactory solution to the problem took place in Varna.
- **R** В Варне состоялось несколько неофициальных дискуссий , имевших целью найти какое-либо удовлетворительное решение проблемы.
- **C** 为了寻求令人满意的解决方案，在瓦尔纳进行了多次非正式讨论。

▶ 다양한 논의끝에 위원회는 15개의 권고사항을 지지했습니다.
- **E** After a wide-ranging discussion the 15 recommendations were endorsed by the committee.
- **R** После широкой дискуссии комитет одобрил 15 рекомендаций.
- **C** 经过广泛的讨论后，委员会最终对15项建议表示支持。

▶ 프로그램에 관한 논의가 주를 이루었습니다.
- **E** The programme has been the subject of much discussion.
- **R** Предметом широкого обсуждения стала программа (конференции).
- **C** 会议日程成了讨论的集点。

▶ 의장이 요청하지 않는 한 서기는 회의에서 개인적인 의견을 피력해서는 안된다.
- **E** The secretary should not give his personal views at a meeting unless asked to do so by the Chairman.
- **R** Во время заседения секретарь не должен высказывать свое собственное мнение, если только об этом его не попросит председатель.
- **C** 除非会议主席要求，否则秘书不得在会议上表述自己的意见。

의회에서 논의될 안건은 무엇입니까?

**E** What problems are to be discussed at the Congress?

**R** Какие проблемы предполагает обсудить конгресс?

**C** 国会将讨论什么问题？

저는 즉각적인 해결책을 제시하기 보단 이 문제에 관해서 학계의 흥미를 불러일으키고 그것에 대한 논의를 촉발시키기 위한 관점에서 몇 가지 질문을 의도적으로 했습니다.

**E** I have deliberately raised some questions not so much with a view to offering immediate solutions as with the intention of evoking the interest of the scientific community in these matter and provoking discussion thereon.

**R** Я умышленно поднял ряд вопросов не столько с целью предложить их немедленное решение, сколько с намерением пробудить интерес к ним научного сообщества и вызвать дискуссию.

**C** 我之所以刻意提出这些问题，不是为了提出立竿见影的解决方案，而是为了激发学术界对这些问题的关注和讨论。

관련 질문이 있습니다.

**E** I have a question in the connection.

**R** В этой связи у меня есть вопрос.

**C** 我想提一个相关问题。

이 주제에 대한 당신의 발언은 매우 흥미로웠습니다.

**E** Your remarks on this subject are very interesting.

**R** Ваши замечания по этому вопросу очень интересны.

**C** 您对这个主题提出的看法，给我们留下了深刻的印象。

당신의 질문에 대한 답변을 드리기에는 저의 동료인 M박사님이 더 적임자라 생각됩니다.

**E** I think my colleague Dr. M. is better qualified to answer your question.

**R** Я думаю, что мой колега, д-р М., может более квалифицированно ответить на ваш вопрос.

**C** 我想我的同事M博士更有资格回答你的问题。

안타깝게도 그 질문은 제가 답변을 드릴 수 있는 사항이 아닌 것 같군요.

**E** I'm afraid I'm not in a position to answer that question.

**R** Боюсь, я не в состоянии ответить на ваш вопрос.

**C** 我没有资格回答这个问题。


철학적인 질문하나 해도 될까요?

**E** I would like to ask a question of a philosophical nature.

**R** Мне бы хотелось задать вопрос философского плана.

**C** 我能不能问一个哲学性质的问题？


제 동료의 의견에 개인적으로 동의하는 바입니다.

**E** I must say I personally agree with my colleague.

**R** Должен сказать, что лично я согласен с моим коллегой.

**C** 我同意我同事的看法。


이 점에 대해서 제 동료들과 토론할 의향이 있습니다.

**E** I intend to discuss this point with my colleagues.

**R** Я намерен обсудить этот вопрос с моими коллегами.

**C** 我有意与我的同事讨论这一点。


~에 관한 문제점을 좀더 상세히 말해주시겠어요?

**E** Could you enlarge on the problem of...?

**R** Не могли бы ва подробнее остановиться на проблеме...?

**C** 关于~的问题，您能具体说明一下吗？


그 방식이 잘못된 이유를 말씀해 주시겠어요?

**E** Would you tell us why the methods can lead to errors?

**R** Не могли бы вы расказать нам о том, почему эти методы могут привести к ошибкам?

**C** 请您说明一下这个方法为什么会导致错误？

당신 보고서의 도표 Ⅲ에 제시된 수치를 좀더 명확히 설명해 주시겠어요?

**E** Could you clarify the numerical values presented in Table Ⅲ of your paper?

**R** Не могли бы ва пояснить цифровые данные, представленные в Таблице Ⅲ вашего доклада?

**C** 请您具体说明一下您的论文表三中的数值。

논의가 지지부진해져서는 안됩니다. 새로운 아이디어나 제안이 더 이상 나오지 않고 구성원들이 자신의 말을 반복할 때는 의장은 즉시 참석한 회원들이 결정을 내리도록 종용하거나 다음 안건으로 넘어가도록 해야 합니다.

**E** Discussion should not be allowed to drag on. As soon as new ideas and suggestions cease to be forthcoming and members begin repeating themselves the Chairman should make those present come to some decision or pass on to the next item.

**R** Дискуссию нельзя затягивать. Если навые идеи и предложения не поступают и участники (заседания) начинают повторяться, председатель должен обеспечить принятие какого-то решения по данному вопросу или перейти к следующему вопросу.

**C** 讨论不应停滞不前。当没有新的想法或建议，并开始重复自己的发言时，会议主席应促使与会人员做出决定或者过渡到下一个问题。

질문자들이 연단에서 질문하는 것은 불필요합니다. 연단에 오르내리는데 시간이 낭비되기 때문입니다. 그러나 토론시간에 의견을 개진하고자 하는 분은 연단에 서도 좋습니다.

**E** It is unnecessary for questioners to use the rostrum, as time is wasted getting to and from, but those wishing to speak during discussion time should do so.

**R** Нет никакой необходимости напрасно тратить время, выходя на трибуну и возвращаясь на место, если вы хотите задать вопрос. Однако желающие выступить во время дискуссии обязаны выходить на трибуну.

**C** 提问者无需走上讲台，因为上下讲台比较浪费时间，但是那些在讨论时间想要发言的与会者可以上讲台。

토론을 위해서는, 적어도 두 명의 연사와 한 명의 의장이 필요합니다. 연사 한 명은 발의를 동의 하기 위해서 필요하고 또 한 명은 발의 안을 반대하기 위해 필요합니다.

**E** For a debate, at least two speakers and a chairman are necessary – one speaker in favour of the motion and the other against the motion.

**R** Для того чтобы состоялись дебаты, необходимо наличие по крайней мере председателя и двух выступающих : одного за данное предложение и другого- против.

**C** 辩论至少需要两位发言者和一位主席。其中一位发言者赞成动议，而另一位发言者表示反对。

방해 요인이 없을 것이므로 토론의 의장을 맡는 것은 어렵지 않습니다. 의장의 주요 임무는 토론시간을 철저히 지키며 어떤 연사도 토론장의 주제에서 벗어나지 않도록 하는 것입니다.

**E** Chairing a debate is not difficult as there is unlikely to be any disturbance, and the Chairman's chief function is to see that strict timing is kept and that no speaker wanders from the subject under debate.

**R** Ведение прений не представляет особых трудностей, так как вероятность нарушения общественного порядка весьма невелика. Основная обязанность председателя состоит в том, чтобы строго следить за регламентом и за тем, чтобы выступающие не отклонялись от обсуждаемого вопроса.

**C** 主持辩论不是很难，因为不大可能受到干扰，而且主席的主要任务是敦促演讲者遵守时间限制并紧扣主题。

토론과 토의의 목적 사이에 약간의 혼란이 있습니다. 사람들은 종종 토의를 하는 경우에도 토론에 참여하고 있다고 말하곤 합니다.

**E** There is some confusion between the purpose of a debate and a discussion, and people frequently state that they are taking part in a debate when it is actually a discussion

**R** Цели, которые преследуют дебаты (прения) и дискуссия, зачастую смешиваюсь, что они принимают участие в дебатах (прениях), тогда как на самом деле это - дискуссия.

**C** 讨论与辩论的目的有时会发生混同。很多人经常在讨论时说自己是在参加辩论的。

의장은 질문과 토의를 위해 할당된 시간을 주지시키고, 의장으로써 일정표에 따라 진행되도록 해야 합니다.

**E** The Chairman should draw attention to the time allowed for questions and discussion, and make it clear that he intends to keep to the timetable.

**R** Председателю следует обратить внимание (собравшихся) на время, предоставляемое для вопросов и обсуждения, а также дать понять (аудитории), что он намерен придерживаться регламента.

**C** 会议主席需提醒讨论专家注意提问和讨论的时间限制，并明确表明将按照时间主持会议。

토의의 목적은 청중들로부터 아이디어를 얻는 데 있습니다.

**E** The purpose of a discussion is to extract ideas from the audience.

**R** Цель дискуссии - услышать от собравшихся новые идеи.

**C** 讨论目的在于从听众那里获取富有创意的想法。

토론의 주제는 항상 발의의 형태로 제시되어야 합니다.

**E** Subjects for debate should always be presented in the form of a motion.

**R** Предмет дебатов должен быть сформулирован как внесенное предложение.

**C** 辩论主题应以议案的形式提出。

토론은 명확하게 규정된 규칙하에서 두 명 이상의 사람들이 구두로 벌이는 논쟁입니다.

**E** A debate is a verbal controversy between two or more people within well defined rules.

**R** Дебаты - это словесный спор между двумя или более людьми в рамках строго очерченных правил.

**C** 辩论是指两位以上的发言者严格按照规则展开的口头争论。

의장이 제기한 질문에 대한 저자의 답변은 오전 10시로 예정되어 있습니다.

**E** Authors' response to questions raised by Chairman is scheduled for 10.00 a.m.

**R** Ответы авторов на вопросы, поднятые председателем, запланированы на 10 часов утра.

**C** 作者将于上午10点回答主席的提问。

# 회의록
## Minutes

**회의록:**

| minutes | протокол (собрания, заседания): | 会议记录 |

**요약한**

| condensed ~ | краткий ~ | 会议纪要 |

**상세한**

| detailed ~ | подробный ~ | 详细的会议记录 |

**회의록**

| minute-book | книга протоколов(журнал заседания)” | 会议记事簿 |

**회의록 사본**

| duplicate of the minutes | копия протокола | 会议记录副本 |

**최종의**

| final ~ | окончательный вариант ~ | 会议纪要终稿 |

~의 사본

| copy of the ~ | экземпляр ~ | ~的副本 |

초고/정서본

| rough/fair copy of the ~ | черновой/чистовой экземпляр ~ | 会议记录草稿/会议记录誊清稿 |

~을 작성하다

| to take (to keep, to draw up) the ~ | вести протокол | 做记录/编写/编制/撰写 |

~의 사본을 만들다

| to duplicate the~ | сделать дубликат ~ | 制作副本 |

~에 기록하다

| to record (to place on record) in the ~; to put into the~ | заносить в ~ | 列入记录 |

~에 발언 내용을 기록하다

| to place a statement in the ~ | заносить заявление в ~ | 将发言内容载入记录 |

성명서를 발표하다

| to note a statement | отметить заявление | 发表声明 |

발언내용을 기록하다

| to place a statement on record | занести заявление в протокол | 发言内容 |

발언 내용을 승인하다

| to acknowledge a statement | заявление принято к сведению | 承认发言内容 |

~에 중요한 사실을 기록하다

| to record important facts in the ~ | заносить в ~ важные факты | 将重要事实载入记录 |

~을 낭독하다

| to read out the ~ | зачитывать ~ | 宣读~ |

~에서 삭제하다

| to delete (to strike out) from the ~ | исключать из протокола | 从~中删除 |

(회의록에) 기록하다

| to place on record | занести в протокол | 载入记录 |

낭독내용을 기록하다

| to read into the record | внести в протокол произнесенную речь | 把宣读的内容列入记录 |

~을 승인하다

| to approve/to sign the ~ | одобрять/подписывать протокол | 批准 |

~을 첨부하다

| to add(to append)to the~ | прилагать (приобщать) к протоколу | 附上 |

(회의의 참석자들에게 ) 회람시키다.

| | | |
|---|---|---|
| to circulate the ~(to the participants of a session) | раздавать протокол (участникам собрания) | （给与会人士）传阅 |

~의 초안을 작성하다.

| | | |
|---|---|---|
| to draft the ~ | составлять первый (черновой) экземпляр протокола | 起草~/编制草案 |

첫 번째 실무회의의 회의록이 낭독됐다.

**E** Minutes of the first business meeting were read.

**R** Был зачитан протокол первого рабочего заседания.

**C** 宣读了第一次工作会议的会议记录

---

회의록은 간결하고 핵심내용을 담고 있어야 한다.

**E** Minutes must be condensed and to the point.

**R** Протокол должен быть кратким и отражать только суть вопроса.

**C** 会议记录应言简意赅。

---

회의록은 회의장에서 진행된 사항에 대한 명확하고 간결한 기록이다.

**E** Minutes are an accurate but condensed record of what takes place at a meeting.

**R** Протокол – это точная, краткая форма описания того, что происходит на заседании.

**C** 会议记录是对会场发生的事情进行的准确凝练的记录。

---

경험 없는 서기들은 종종 회의록 작성법과 기재내용에 관해 걱정한다.

**E** Inexperienced secretaries are often rather worried about the method of taking minutes and what to put into them.

**R** Неопытные секретари часто волнуются в связи с тем, как следует вести протокол и что включать в него.

**C** 缺乏经验的秘书经常担心的是会议记录怎么记和记什么。

---

회의록에는 모든 중요한 사실과 토의의 결과를 기록해야 한다. 업무와 관련없는 세부사항과 발화는 기록하지 말아야 한다.

**E** Minutes must record all the important facts and the outcome of discussions, but irrelevant details and chat should be omitted.

**R** В протоколе должны фиксироваться все важные факты и итоги дискуссии; детали и высказывания, не имеющие отношения к делу, следует опускать.

**C** 会议记录应记录所有重要事实和讨论结果，无需记录细枝末节和无关紧要的闲谈。

회의록 작성 후 의장의 승인을 얻기 위해 의장에게 제출해야 한다.

**E** After being drafted, the minutes should be shown to the Chairman for approval.

**R** Составленный протокол подлежит утверждению председателем.

**C** 撰写会议记录后，应提交主席批准。

회의록은 회의에서 승인을 받았으며 의장의 서명을 받았다.

**E** The minutes were approved by the meeting and signed by the Chairman.

**R** Протокол был утвержден собранием и подписан председателем.

**C** 会议记录已经会议批准，并由主席签署。

X 박사는 이전 회의의 회의록을 열람할 것이다.

**E** Dr. X. will read the minutes of the previous meeting.

**R** Д-р X. зачитает протокол предыдущего заседания.

**C** X博士将阅览此前会议的会议记录。

의장은 서기에게 마지막 회의의 회의록을 낭독하도록 한다.

**E** The Chairman calls on the secretary to read the minutes of the last meeting.

**R** Председатель обращается к секретарю с просьбой зачитать протокол последнего заседания.

**C** 主席让会议秘书宣读最后一次会议的会议记录。

회의록을 회원들이 이미 열람한 경우에는 낭독할 필요가 없다.

**E** If the minutes have been circulated to members there is no need to read them.

**R** Если протокол был заранее роздан участникам (заседания), то необходимости зачитывать его нет.

**C** 若会议记录已发给会员传阅则无需再宣读。

투표의 찬성 혹은 반대표의 수는 항상 회의록에 기록되어야 한다.

**E** The number of votes for or against a motion should always be recorded in the minutes.

**R** В протокол всегда следует вносить число голосов, поданных "за" или "против" того или иного предложения.

**C** 赞成或发对议案的投票票数必须载入会议记录。


회의록은 세션에 참가하는 모든 참가자들이 이용할 수 있어야 한다.

**E** The minutes should be available to any participant of the session.

**R** Каждый участник заседания должен иметь возможность ознакомиться с протоколом заседания.

**C** 会议记录应向所有与会者公开。


회의록은 일반적으로 통용되는 형식을 따라야 한다.

**E** The minutes must follow a fairly usual form.

**R** Протокол составляется в обычной (общепринятой) форме.

**C** 会议记录应遵循通行格式。


보고서와 회의록은 항시 기립해서 낭독해야 한다.

**E** Reports and minutes should always be read standing.

**R** Отчеты и протоколы всегда следует зачитывать стоя.

**C** 报告书和会议记录应始终站着宣读。


회의록에 기록하길 바랍니다.

**E** I want to be on record as having~

**R** Прошу, чтобы было занесено в протокол

**C** 我希望能载入会议记录~。

# 투표와 선거
## Vote and election



**투표 용지**

| | | |
|---|---|---|
| **ballot paper** | бюллетень | 投票用纸、选票 |

**투표 용지**

| | | |
|---|---|---|
| **voting slip (paper); ballot paper** | избирательный ~ | 投票用纸、选票、表决票 |

**유효 투표 용지**

| | | |
|---|---|---|
| **Valid ballot papers** | действительные бюллетенеи | 有效选票、有效票 |

**기권표 용지**

| | | |
|---|---|---|
| **Blank ballot papers, voting papers** | пустые бюллетенеи | 弃权选票、空白票 |

**무효표 용지**

| | | |
|---|---|---|
| **Ballot papers null and void** | недействительные бюллетенеи | 无效选票、废票 |

**투표함**

| | | |
|---|---|---|
| **ballot-box** | урна (ящик) для бюллетеней | 投票箱、票箱 |

투표함에 투표 용지를 넣다

| | | |
|---|---|---|
| to deposit a ballot (voting) paper in the ballot-box | опустить бюллетень в ящик/баллотировочный ящик | 把选票投入票箱 |

투표함에 투표 용지를 넣다

| | | |
|---|---|---|
| To deposit a voting paper in the ballot box | опустить бюллетель в баллотировочный ящик, в урну | 把选票投入票箱 |

투표가 미결정이다

| | | |
|---|---|---|
| The ballot is inconclusive | требуется новая баллотировка | 投票结果尚未出炉 |

무효표 용지는 인정되지 않는다

| | | |
|---|---|---|
| Voting papers left blank (null and void) will not be reckoned, taken into account | пустые или недействительные бюллетени не считаются выборы | 不统计无效选票/未填写的选票（无效选票）将不计算在内 |

선거

| | | |
|---|---|---|
| election | выборы | 选举 |

선거를 실시하다

| | | |
|---|---|---|
| to carry out an ~ | проводить ~ | 进行选举 |

선거에 참여하다

| | | |
|---|---|---|
| to take part in ~ | участвовать в выборах | 参与选举 |

**단기식 투표방법**

| Single ballot | выборы, предусматривающие только одну баллотировку | 一次投票 |

**연속 투표**

| Successive ballots | выборы, предусматривающие несколько баллотировок | 连续投票 |

**투표를 취소하다**

| To cancel a vote | аннулировать баллотировку | 取消所投的票 |

**유효화하다, 무효화하다**

| To validate, To invalidate | утвердить, аннулировать, отказаться | 使~有效/使~无效 |

**선거의 경위를 조사하다**

| To investigate the circumstances of an election | подвергнуть выборы обследованию | 调查选举时的情况 |

**투표결과는 최종적이며 변경할 수 없다**

| The result is final, definitive | результат является окончательным | 投票结果是决定性的、不可更改的 |

**투표, 무기명 투표, 선출을 확정하다**

| To confirm a vote, a ballot, an election | подтвердить результаты голосования, баллотировки, избрания | 认定表决、无记名投票、选举 |

투표와 선거

투표, 무기명 투표, 선출을 공표하다

| To declare a vote, a ballot, an election | провозгласить результаты голосования, баллотировки, избрания | 公布表决、投票、选举结果 |

선출하다

| to elect: | выбирать: | 选出 |

만장일치로 선출하다

| ~ unanimously | ~ единогласно | 一致通过 |

다음 임기를 위한 선거를 실시하다

| ~ for the next term of office | ~ на следующий срок | 为下届任期进行选举 |

상대적 다수로 선출하다

| ~ by a relative majority | ~ относительным большинством (голосов) | 以相对多数票当选 |

압도적 다수로 선출하다

| ~ by the overwheling majority | ~ подавляющим большинством (голосов) | 以压倒多数票当选 |

가중다수결로 선출하다(4분의 3, 3분의 2 다수결)

| To elect by a qualified majority (three-fourths, two-thirds majority) | выбрать, избрать определенным, особым большинством(в три четверти, в две трети) | 以有效多数票（四分之三、三分之二）选出 |

절대다수결(단순다수)로 선출하다

| To elect by an absolute (a simple) majority | выбрать, избрать (простым) абсолютным большинством | 以绝对（简单）多数票选出 |

**분산다수결**

| Distributed majority | большинство по особому распределению | 分配多数表决制 |

**다수의 구성원이 출석하고 투표하는**

| The majority of members present and voting | большинство присутствующих и участвующих в голосовании членов | 多数成员出席并投票的 |

**회원의 다수**

| The majority of the members of the assembly | большинство членов Ассамблеи, собрания | 会员的多数 |

**선출자를 발표하다**

| To declare elected | провозгласить избрание | 宣布当选 |

**연공서열로 선출 된**

| Elected on grounds of seniority | избран как старший по возрасту | 按论资排辈当选 |

**추첨을 하다**

| To draw lots | тянуть жребий | 抽签 |

**선거를 채택하다**

| To accept an election | согласиться с избранием | 接受选举结果 / 接受当选 |

**임명을 거부하다, 지위를 거부하다**

| To refuse an appointment, an office | отказаться от мандата, от должности | 不接受委任、职务 |

~을 위해 포기하다

| To yield in favour of... | отказаться в пользу... | 让给~ |

귀하의 투표권을 ~에게 양도하십시오

| Please tranfer your votes to... | прошу перенести голоса, полученные мною, на... | 请把你的投票权转让给~ |

결과에 이의를 제기하다

| To challenge a result | оспаривать результат | 对结果提出异议 |

투표하다

| vote: | голос: | 表决 |

결정표

| casting ~ | решающий ~ | 决定票 |

가표

| affirmative ~ | ~ "за" | 赞成票 |

반대 투표

| negative ~ | ~ "против" | 反对票 |

투표참여 구성원

| Members voting | участвующих в голосовании | 投票的成员 |

투표수

| Number of votes | число голосов | 票数 |

**투표총수**

| Votes cast | подано голосов | 投票总数 |

**개표원 임명**

| To appoint tellers | назначить счетчиков голосов | 指派计票人 / 任命开箱验票的人员 |

**개표하다**

| To count the votes | приступить к подсчету голосов | 点票、计算票数、开箱验票 |

**투표결과를 확인하다**

| To check the result of the voting | проверить подсчет голосов | 检查表决结果/确认投票结果 |

**투표하다; 투표**

| vote; voting: | голосование: | 投票 |

**무기명 투표로 표결하다**

| ~ by ballot | тайное ~ | 进行无记名投票表决 |

**호명투표**

| Vote by roll call | поименное голосование | 唱名表决 |

**연단호명투표**

| A vote by roll call at the rostrum | публичное, поименное голосование у трибуны | 唱名登台表决 |

대리표결

| Vote by proxy | голосование по доверенности | 代理投票、代理表决 |

서신투표

| Vote by correspondence | голосование по почте | 通信投票 |

거수로 투표하다

| ~ by a show of hands | ~ поднятием рук | 举手表决 |

후보자 선거에 투표하다

| ~ for a list of candidates | ~ списком | 就整个候选人名单进行选举 |

투표에서 기권하다

| to abstain from voting | воздержаться от голосования | 投票时弃权 |

문제를 표결에 부치다

| to put a question to the vote | поставить вопрос на голосование | 把问题交付表决 |

투표없이 박수로 승인하다

| to approve by acclamation | принять предложение без голосования на основании общего одобрения | 以热烈掌声通过决议 |

투표를 하다

| to hold a vote | проводить голосование | 进行投票 |

만장일치로 투표하다

| | | |
|---|---|---|
| to vote unanimously | проголосовать единогласно | 全体一致投票通过 |

투표에 참여하다

| | | |
|---|---|---|
| to take part in a vote (in voting) | участвовать в голосовании | 参加表决 |

토론없이 투표하다

| | | |
|---|---|---|
| Vote without debate | голосование без обсуждения | 不经辩论就进行表决 |

박수, 구두투표로 승인하다

| | | |
|---|---|---|
| Approval by acclamation | принятие без голосования на основании выражения всеобщего одобрения | 掌声、口头通过 |

찬반투표

| | | |
|---|---|---|
| Vote by "yes" and "no" | оголосование ответом "да" или "нет" | 投票表决 |

기립투표 (미국)

| | | |
|---|---|---|
| Vote by sitting and standing, rising vote (USA) | голосование вставанием | 起立表决 |

결정표를 행사하다

| | | |
|---|---|---|
| To give a casting vote | подать голос, дающий перевес, решающий голос | 投裁定票 |

**분리투표를 진행할 것을 제안하다**

| To move that a separate vote be taken | требовать раздельного голосования | 提议分开表决 |

**조항별로 표결에 부칠 것을 요청하다**

| To ask for a vote article by article | требовать голосования по статьям | 要求逐条表决 |

**발의안 전체를 표결에 부치다**

| To vote on the motion as a whole | голосовать по предложению в целом | 针对所有提议进行投票 |

**재표결하다**

| To go back upon a vote | оспаривать действительность голосования | 重新表决 |

**투표를 연기하다**

| To defer, postpone, interrupt a vote (a ballot) | отложить, отсрочить, прервать баллотировку, голосование | 延期表决 |

**투표 종료를 선언하다**

| To declare the vote (ballot) closed | обьявить о прекращении голосования | 宣布表决结束 |

**(투표시) 선택을 바꾸다.**

| To change one's vote | Поправить, изменить свое голосование | 改投他票 |

**1차 투표**

| | | |
|---|---|---|
| first ballot | первая баллотировка | 第一次投票表决 |

**2차 투표**

| | | |
|---|---|---|
| second ballot | вторая баллотировка | 第二次投票表决 |

**추가 투표**

| | | |
|---|---|---|
| additional ballot | дополнительная баллотировка | 再次投票表决 |

**(어떤 사안에 대해) 투표하다**

| | | |
|---|---|---|
| To vote (upon some issue): | голосовать (по к.-л. вопросу): | 对 ~ 议题进行投票 |

**투표하다, 선거에 참여하다**

| | | |
|---|---|---|
| To vote, to cast a vote, to take part in an election | голосовать, участвовать в выборах | 投票、参加选举 |

**～에 (찬성)투표하다**

| | | |
|---|---|---|
| ~ for (pro) | ~ "за" | 对~投（赞成）票 |

**동의안을 전체적으로 투표에 붙이다**

| | | |
|---|---|---|
| ~on the motion as a whole | ~ за предложение в целом | 表决整个动议 |

**～에 (반대)투표하다**

| | | |
|---|---|---|
| ~ against (con) | ~ "против" | 对~投（反对）票 |

반대표를 행사하다

| To cast a dissenting vote | выразить расходящееся мнение | 投反对票 |

후보

| nominee | кандидат; кандидатура | 候选人 |

후보 (패널) 명단

| list (panel) of nominees | список кандидатов | 候选人 （专家组） 名单 |

후보를 지명하다

| to offer a nomination; to nominate | выдвигать кандидатуру | 提名候选人 |

후보를 지지하다 (재청(再請)하다)

| to support (to second) a nominee | поддержать ~ | 支持候选人、附议支持候选人 |

회원 명단을 제출하다

| to present a panel of nominees | представить список кандидатур | 提交候选人名单 |

출마를 취소하다

| to withdraw one's candidature | снять свою кандидатуру | 退选 |

후보자 명단 투표

| Voting (ballot) for a list of candidates | выборы кандидатов по спискам | 候选人名单投票 |

(당선에 필요한) 기준수

**Electoral quotient** | число голосов, необходимое для избрания одного кандидата | 当选票额

입후보하다

**To stand for election** | выставить свою кандидатуру | 参加竞选

지명하다

**To nominate** | представить кандидатуру... | 提名

지명자/후보자를 지지하다

**To support a nomination, a candidature** | поддержать кандидатуру | 支持候选人

출마를 유지하다/ 출마를 철회하다

**To maintain, to withdraw one's candidature** | настаивать на своей кандидатуре, снять свою кандидатуру | 维持参选资格/取消参选资格

출마제의에 동의하다

**To agree to be a candidate, to accept nomination** | согласиться быть кандидатом | 接受参选提议

후보 패널을 소개하다

**To present a panel of nominees** | представить список кандидатов | 介绍候选人专家组

입후보 승인/거절을 발표하다

| | | |
|---|---|---|
| To declare a candidature receivable, irreceivable (in order, out of order) | объявить кандидатуру в порядке, не в порядке | 发表应选许可/拒绝 |

정족수

| | | |
|---|---|---|
| quorum | кворум | 法定人数 |

정족수를 채우다

| | | |
|---|---|---|
| the ~ is reached; we have a ~ | имеется ~ | 达到法定人数 |

정족수를 채웠음을 확인하다

| | | |
|---|---|---|
| to ascertain that there is a ~ | проверить, имеется ли ~ | 查明是否达到法定人数 |

발의, 제안

| | | |
|---|---|---|
| motion | предложение | 动议 |

제안이 무효라고 생각하다

| | | |
|---|---|---|
| to consider a proposal as null and void | считать предложение недействительным | 认为某一建议根本无效 |

발의하다

| | | |
|---|---|---|
| to make, to propose a ~ | внести ~ | 提出议案 |

발의를 부결하다

| | | |
|---|---|---|
| to reject a ~ | отклонить ~ | 否决议案 |

발의를 채택하다 (가결하다)

to adopt (to carry) a ~            принять (одобрить) ~            通过议案

▶ 내외 귀빈 여러분, 이제 의장 선출을 시작하겠습니다.

**E** Ladies and Gentlemen, now we are going to elect the Chairman.

**R** Дамы и господа! Сейчас нам предстоит выбрать председателя.

**C** 女士们、先生们，主席选举即将开始。

▶ X 박사님을 의장으로 추천합니다.

**E** I propose that Dr. X. be elected Chairman.

**R** Я предлагаю выбрать председателем д-ра X.

**C** 我提议X博士为会议主席候选人。

▶ X 박사님을 새로운 이사회 회원으로 추천합니다.

**E** I should like to nominate Dr. X. as a member of the new board.

**R** Я предлагаю кандидатуру д-ра X. в качестве члена нового правления.

**C** 我提名X博士为理事会新成员。

▶ 문제를 표결에 부치자는 제안이 제기되었다.

**E** A motion has been made to put the matter to the vote.

**R** Было выдвинуто предложение поставить вопрос на голосование.

**C** 有人提议将该问题交付表决。

▶ 투표가 거수로 진행되었습니다. 모든 참가자들은 1인 1표를 행사할 수 있습니다.

**E** Voting is carried out by a show of hands. Each participant has one vote.

**R** Голосование проводится поднятием руки. Каждый участник имеет один голос.

**C** 投票采取举手表决的方式，每人一票。

▶ 과반수로 결정하겠습니다.

**E** Decision will be made by a majority vote.

**R** Решения будут приниматься большинством голосов.

**C** 以多数票作出决定。

각 후보에 대한 표결은 개별적으로 진행됩니다.

**E** Each candidate will be voted for individually.

**R** Голосование будет проводится отдельно по каждой кандидатуре.

**C** 对每位候选人进行个别同意投票。

---

N 박사님을 후보로 지지하시는 경우, 거수로 표명해 주시기 바랍니다.

**E** If you support the nomination of Dr. N., please indicate it by a show of hands.

**R** Если вы поддерживаете выдвижение кандидатуры д-ра Н., пожалуйста, поднимите руку.

**C** 支持候选人N博士的，请举手。

---

제안은 40명이 투표한 가운데 반대 8표, 기권 3표로 가결되었다.

**E** The motion is carried by 40 votes to 8 with 3 abstentions.

**R** Предложение принято 40 голосами, против - 8, воздержались - 3.

**C** 提议以40票对8票通过，3票弃权。

---

위원회의 회원은 회의 참가자의 투표로 선출된다.

**E** Members of commissions will be elected by the conference participants.

**R** Члены комиссии будут избираться участниками конференции.

**C** 委员会成员由大会参会者选举产生。

---

결의안의 찬반 수가 같은 경우에만 의장은 결정표를 던질 권한을 가진다.

**E** The Chairman has the casting vote to be used usually only when the voting for and against the resolution is equal.

**R** При равенстве голосов голос председателя является решающим и используется лишь в тех случаях, когда количество голосов, поданных "за" и "против" резолюции, одинаково.

**C** 通常只在决议的赞成票和反对票票数相等时，会议主席才有权投决定票。

일반적인 절차에 따르면, 통상 제안사항이나 수정사항은 먼저 제청을 하고, 그 다음에 승인되어야 한다.

**E** Standing order procedure usually requires that every motion or amendment should be first proposed and then seconded.

**R** Существующая процедура, как правило, требует, чтобы каждое предложение или поправка сначала вносились, а затем поддерживались.

**C** 常规程序要求每个动议或修订案应先被提呈，然后进行附议。

'제안'이라는 용어는 어떤 회의에서든 논의를 위해 제안된 의견을 지칭한다.

**E** A motion is the term applied to a suggestion put forward for consideration at any meeting.

**R** Термин "предложение" применяется по отношению к идее, выдвинутой на рассмотрение собрания.

**C** 动议是指在会议上提出的供与会者讨论的建议。

제안을 처리하는 과정에는 일반적인 규정이 있다.

**E** There are certain general rules governing the procedure for dealing with motions.

**R** Существует несколько общих правил, регулирующих процедуру рассмотрения предложений.

**C** 动议处理程序有一定的规定。

제안사항은 항목별 순차적으로 수정해야 한다.

**E** Motions must be amended clause by clause consecutively.

**R** Поправки к предложениям вносятся последовательно, пункт за пунктом.

**C** 动议应逐条进行修订。

토의중에 모든 참가자는 제기된 제안사항에 반대할 권리를 갖는다.

**E** For anyone who speak against a motion in debate is, of course, permissible.

**R** Во время дебатов каждый участник имеет право выступить против выдвинутого предложения.

**C** 在辩论中，所有与会者都有权对提议提出反对意见。

투표용지는 가능한 한 단순해야 한다.

**E** Ballot papers should be as simple as possible.

**R** Избирательные бюллетени должны быть предельно простыми.

**C** 选票格式应尽量简单。

의장은 회원들이 투표의 주제를 정확히 인지하도록 해야 하며, 표결 이전에 제안사항과 수정사항을 낭독해야 한다.

**E** The Chairman should be sure that members know exactly what they are voting upon, he should always read the motion or amendment before putting it to the vote.

**R** Председатель должен быть уверен, что присутствующие на заседании точно знают, за что они голосуют, он обязан всегда зачитывать выдвинутое предложение или поправку к нему, прежде чем ставить их на голосование.

**C** 会议主席应确保与会人员确切地知道表决的内容，并在表决前宣读动议或修订案。

토의 규정에 따라, 수정사항은 순서대로 표결에 부친다.

**E** In accordance with the rules of debate, the amendments are put to the vote in turn.

**R** В соответствии с правилами дебатов поправки ставятся на голосование в порядке их поступления.

**C** 按照议事规则，修订案应依序付诸表决。

무기명 투표는 공정하고 자유로운 선거체제이지만, 거수투표에 비해 더 많은 시간과 준비가 필요하다.

**E** Voting by ballot is a fair and free system, but takes longer and requires more organization than the method by a show of hands.

**R** Тайное голосование − это справедливая и свободная система выборов, но оно занимает больше времени и требует большей организации, чем голосование поднятием рук.

**C** 虽然无记名投票是一个公平自由的方式，但与举手表决方式相比需要更多的时间和准备。

심각한 사안인 경우 무기명 투표를 통해 결정되기도 하지만, 거수 투표가 가장 일반적인 방법이다.

**E** The most usual method of voting is by a show of hands, though for exceptionally serious issues a ballot may be taken.

**R** Самый обычный способ голосования — это голосование поднятием рук; однако в случае исключительно серьезных вопросов можно провести тайное голосование.

**C** 虽然在处理严重问题时往往采用无记名投票方式，但最常用的是举手表决方式。

연례회의에서 투표를 실시하는 경우, 어떤 기관에서는 불참하는 회원이 대리인을 선정하는 것을 허락하기도 한다.

**E** When voting is to be done at the annual meeting, some organizations allow absent members to name other members as their proxies.

**R** При проведении голосования на ежегодном общем собрании некоторые организации разрешают отсутствующим делегатам назвать других представителей в качестве своих доверенных лиц.

**C** 在年会上进行投票时，一些机构允许缺席者委托代理人参加会议。

임직원과 위원회 위원은 기간제로 선출한다.

**E** Officers and committees are electied for a definite period.

**R** Должностные лица и комитеты избираются на определенный период времени.

**C** 选出的委员会委员有任期限制。

임원은 각 후보당 개별 표결을 통해 선출한다.

**E** Officers must always be voted upon separately.

**R** Голосование за должностных лиц всегда должно проводиться отдельно за каждую кандидатуру.

**C** 选举委员须分别付诸表决。

거수는 대부분의 기관이 채택하고 있는 간편하고 명확한 표결 방법이다.

**E** Voting by a show of hands is an easy, straightforward method adopted by most organizations.

**R** Голосование поднятием рук – это простой, естественный способ, принятый большинством организаций.

**C** 举手表决作为一种简单容易的表决方式，被大多数组织所采用。

이번 발의안은 찬성 12표, 반대 9표, 부재자 2표로 채택되었다.

**E** The motion is adopted, carried, by 12 votes to 9 with 2 abstentions.

**R** Предложение принято 12 голосами против 9, при 2-х воздержавшихся.

**C** 动议以12票对9票通过，2票弃权。

의사를 표해 주십시오.

**E** Please signify.

**R** Прошу высказаться, поднять руку.

**C** 请表明态度。

# 결의안
## Resolution

**결의안**

| Resolution | резолюция | 决议案 |

**결의안 대안**

| substitute resolution | резолюция взамен предложенной | 替代决议 |

**～의 재청자**

| seconder of a ~ | поддерживающий резолюцию | 决议的附议者 |

**～의 불신임 제안자**

| proposer of "No confidence" ~ | предлагающий ~ о вынесении вотума недоверия | "不信任" 提议者 |

**～의 개정**

| amendment in a ~ | поправка к резолюции | 修订~ |

**서면으로 개정안을 제시하다**

| to present an amendment in writing | представить поправку в письменной форме | 以书面形式提出修订案 |

~의 초안

| draft ~ | проект ~ | ~草案 |

~의 구성(~의 개정)

| wording of a ~(an amendment to a ~) | формулировка ~ (поправки к ~) | ~的措辞（修订~） |

기술적인 측면에 관해

| on a technical point | относительно формулировки | 关于技术方面~ |

~을 제출하다

| to move a ~ | вносить~ | 提出~ |

~을 개정하다

| to amend a ~ | вносить исправления в ~ | 修订~ |

~의 전체내용을 기록하다

| to record the wording of a ~ (in full) | записывать точную формулировку ~ | 记录~的全部内容 |

~을 수정하다

| to modify a ~ | изменять ~ | 修改~ |

~에서 삭제하다

| to delete from a ~ | исключить из ~ | 从~删除 |

**～을 부결하다**

to reject a ~ | отклонять ~ | 否决~

**～을 제안하다**

to propose a ~ | предлагать ~ | 提出~

**～을 승인하다(채택, 통과시키다)**

to carry (to adopt, to pass) a ~ | принимать ~ | 批准（采纳、通过）~

**～을 검토하다**

to review a ~ | пересмотреть ~ | 研究，审查~

**～을 재청하다**

to second a ~ | поддержать ~ | 附议~

**～을 회의에 상정하다 (승인을 위해)**

to put a ~ to a meeting (for approval) | представить резолюцию на утверждение собрания | 向会议提交~（为得到批准）

**결의안 초안을 제출하다**

to submit a draft resolution | представить проект резолюции | 提出决议草案

### 다수결로 (절대 다수로)

| ~ by a (large) majority | ~ большинством голосов | 以多数票（以绝对多数票） |

### 압도적 다수로

| ~ by an overwhelming majority | ~ подавляющим большинством голосов | 以压倒性多数票通过~ |

### 10표 차로

| ~ by a majority of 10 votes | ~ большинством в 10 голосов | 有10票之差 |

### 만장일치로

| ~ unanimously | ~ единогласно | 全票同意 |

### 구두투표로

| ~ by acclamation | ~ на основе единодушного одобрения | 通过口头表决方式 |

Mr.X와 Mr.N은 결의안 초안 작성을 요청 받았다.

**E** Mr.X. and Mr.N. were asked to draft a resolution.

**R** Г-ну Х. и г-ну Н. было предложено составить проект резолюции.

**C** Mr.X和Mr.N被要求编写决议草案。

본인은 결의안에 다음 내용을 추가할 것을 제안하는 바입니다.

**E** I suggest the following sentence be added to the resolution:…

**R** Предлагаю добавить следующее предложение в резолюцию: …

**C** 我建议在决议案中增加如下内容。

본인은 결의안에 다음 내용을 삭제할 것을 제안하는 바입니다.

**E** I propose the following words be deleted from the resoluition

**R** Вношу предложение исключить из резолюции следующие слова

**C** 我建议从决议案中删除如下内容。

결의안은 집행위원회의 검토 후 몇몇 경우 수정을 거쳤다.

**E** The resolutions were reviewed and in some cases modified by the executive council.

**R** Исполнительный совет изучил резолюцию и в некоторых случаях внес изменения.

**C** 决议案经过执行委员会审议后进行修订。

결의안과 그 개정안은 채택여부에 상관없이 전체 내용을 기록해야하며 제안자와 재청자의 이름이 표시되어야 한다.

**E** The wording of resolutions and amendments must be recorded in full and the name of the proposer and seconder given, whether they are eventually carried or not.

**R** Формулировки резолюций и поправок к ним должны фиксироваться в полном виде, с указанием фамилий вносящего предложение и поддерживающего его независимо от результатов последующего голосования.

**C** 无论决议案及修订案是否得到通过，应记录其全部内容，并标示提议者和附议者的姓名。

불신임 관련 결의안은 회의 1회에 국한된다.

- **E** The resolution of "No confidence" operates for one meeting only.
- **R** Резолюция о вынесении вотума недоверия действительна лишь на одно заседание.
- **C** "不信任" 决议只限于一次会议。

결의안에 따르면 본 심포지엄의 장소는 비엔나로 일자는 2013년 9월 5일 부터 10일로 결정되었다.

- **E** The resolution indicated Vienna as the location and 5-10 September, 2013 as the date of the symposium.
- **R** Резолюция утвердила Вену местом проведения симпозиума и 5-10 сентября 2013 г. - сроком его проведения.
- **C** 根据决议，本次论坛将从2013年9月5日到10日在维也纳举行。

과학, 정치, 문화 관련 회의에서 회의를 종료하면서 결의안이나 호소문을 채택할 수 있다.

- **E** A scientific, political or cultural meeting may adopt some resolution or appeal to crown its work.
- **R** Завершая работу, совещание по научным, политическим или культурным проблемам может принять резолюцию или обращение.
- **C** 科学、政治以及文化相关会议在结束时可以通过一些决议或者呼吁。

가끔 회의에서, 특히 과학 관련 회의에서는 결의안을 일체 채택하지 않는다.

- **E** Sometimes a conference does not plan to adopt any resolutions—especially scientific congresses.
- **R** Иногда на конференции не предполагается принятие каких-либо резолюций, особенно на научных конгрессах.
- **C** 有些会议，特别是科学会议不通过任何决议。

결의안 초안은 수정권한이 있는 대표자들이 면밀히 검토해야하며, 새로운 대안을 제안하거나 아예 새로운 결의안을 작성할 수도 있다.

**E** The draft resolution is studied thoroughly by delegates and they are free to make alterations, propose a full text of their own version or even prepare a new resolution.

**R** Проект резолюции тщательно изучается делегатами, которые имеют право вносить в него любые изменения, предложить полный текст своего варианта или даже подготовить новую резолюцию.

**C** 决议草案需经过代表们的审议后进行修订或者重新编写决议。

대부분의 대규모 회의에서는 사전에 서면형태로 제출되지 않은 경우, 결의안에 대한 개정사항을 일체 허용하지 않는다.

**E** Many big conferences will not permit the consideration of any amendments in the resolution not previouly submitted in writing.

**R** На многих крупных конференциях не допускается рассмотрение каких-либо поправок к резолюции без их предварительной подачи в письменном виде.

**C** 大部分大规模会议不允许对未预先以书面形式提交的决议案进行修正。

결의안의 개정사항은 학회 회원만이 제안하거나 재청할 수 있다.

**E** The adoption of the amendment in the resolution cannot be moved or seconded by anyone who is not a member of the society.

**R** Принятие поправки к резолюции не может быть предложено или поддержано тем, кто не является членом общества.

**C** 除了学会会员以外，任何人都不得动议或附议决议修正案。

# 회의 실무언어
## Working languages of the conference



언어

**Language** | язык: | 语言

외국 ~

**foreign ~** | иностранный ~ | 国外~

주요 ~

**major (principal) ~** | основной ~ | 主要~

공식 ~

**official ~** | официальный ~ | 官方~

실무 ~

**working ~** | рабочий ~ | 工作~

모국어

**mother (native) tongue** | родной язык | 母语

외국어를 구사하다

**to speak a foreign language** | говорить на иностранном языке | 会说一门外语

회의의 실무언어로 번역하다 (통역하다)

to translate (to interpret) into working languages of the conference

переводить на рабочие языки конференции

将~翻译成工作语言

▶ 공식언어는 영어, 러시아어, 중국어 그리고 일본어이다.

**E** Official languages are English, Russia n, Chinese and Japanese.

**R** Официальными языками конференции являются английский, русский китайский, и японский.

**C** 工作语言包括：英语、俄语、汉语及日语。

▶ 발표문은 국제회의에서 사용하는 주요 언어중 하나로 제출할 수 있으나, 조직위원회측은 발표자의 사용언어가 영어이기를 희망한다.

**E** Papers may be presented in any of the major languages used at international congresses but the Organizing committee hopes that speakers will use English.

**R** Доклады можно представлять на любом из основных языков, используемых на международных конгрессах, однако Организационный комитет надеется, что докладчики будут пользоваться английским языком.

**C** 文件可用国际会议上常用的主要语言之一制作，但组委会希望主讲人使用英语。

▶ 본회의 및 분과 회의에서 일부 언어의 동시통역 서비스가 제공된다.

**E** Simultaneous interpretation into some languages will be provided at the plenary and section sessions.

**R** Пленарные и секционные заседания будут обеспечены синхронным переводом на некоторые языки.

**C** 全体会议和分组会议提供几种语言同传服务。

▶ 동시 통역 서비스는 제공하지 않는다.

**E** No arrangements will be made for simultaneous interpretation.

**R** Синхронный перевод не предусматривается.

**C** 会议不提供同传服务。

회의의 실무언어는 영어, 러시아어 그리고 프랑스어이다. 모든 공식 문건은 해당 3개국어로 발행된다.

**E** The working languages of the conference will be English, Russian and French. All official documents will be issued in these languages.

**R** Рабочие языки конференции – английский, русский и французский. Все официальные документы будут изданы на этих языках.

**C** 会议工作语言包括：英语、俄语、法语。任何官方文件均用工作语言制作。


회의의 실무언어는 영어이며 모든 인쇄물, 발표문 및 토론사항은 영어로 발행된다.

**E** The working language of the conference is English and will be used for all printed material, presentations and discussions.

**R** Рабочий язык конференции – английский, на нем будут изданы все печатные материалы, выступления и дискуссии.

**C** 会议工作语言是英语。印刷材料、演讲文稿及讨论文稿。

# 통번역
## Translation and interpretation

통번역

| | | |
|---|---|---|
| **translation and interpretation** | перевод: | 口译和笔译 |

번역

| | | |
|---|---|---|
| **translation** | письменный ~ | 笔译 |

동시의 (부스,동시)

| | | |
|---|---|---|
| **simultaneous (booth, synchronous) ~** | синхронный ~ | 同声~ |

통역

| | | |
|---|---|---|
| **interpretation** | устный ~ | 口译 |

동시 통역을 제공하다.

| | | |
|---|---|---|
| **to provide simultaneous interpretation** | обеспечить синхронный ~ | 提供同声传译服务 |

번역(통역)을 제공한다(하지않는다)

| | | |
|---|---|---|
| **translation (interpretation) is (un) available** | ~ (не) обеспечивается | （不）提供笔译（口译）服务 |

### 번역사

| translator | переводчик<br>(письменного текста) | 翻译/译员 |

### 통역사

| interpreter | устный переводчик | 翻译/译员 |

### 통역하다

| to interpret | переводить (устно) | 翻译 |

### 통역사를 통해 의사소통을 하다

| to carry on communication through an interpreter | вести беседу через переводчика | 通过翻译进行沟通 |

### 통역사를 제공하다

| to supply an interpreter | обеспечить переводчиком | 安排翻译 |

실무언어 외의 다른 언어를 사용하는 대표자들은 연설문을 실무언어 중 하나로 통역할 수 있는 통역사를 직접 섭외해야한다.

**E** Delegates speaking other languages shall be required to supply their own interpreters for the translation of their speeches into one of the working languages.

**R** Делегаты, говорящие на других языках, должны обеспечить перевод своих выступлений на один из рабочих языков через переводчика.

**C** 使用会议工作语言以外语言的代表们需要亲自聘请能将自己的演讲翻译成工作语言之一的译员。


주요 언어 통역사가 회의 참가자 등록장소에서 대기할것이다.

**E** Interpreters for the principal languages will be available in the reception areas.

**R** Переводчики, владеющие основными языками, будут работать в помещении для приема участников.

**C** 我们将在接待区安排主要语言的翻译。


동시통역은 제공되지 않을것입니다.

**E** No arrangements will be made for simultaneous interpretation.

**R** Организация синхронного перевода не предусматривается.

**C** 我们不提供同声传译服务。


영어 및 프랑스어 통역서비스는 모든 총회에서 제공됩니다.

**E** Interpretation into English and French will be provided for all plenary meetings.

**R** Все пленарные заседания будут обеспечены переводом на английский и французский языки.

**C** 全体会议时提供英语和法语翻译服务。


저는 프랑스어 통역이 필요합니다.

**E** I need to have the services of a French interpreter

**R** Мне необходимы услуги французского переводчика.

**C** 我需要法语翻译服务。

모든 국제회의는 동시통역서비스를 제공하려 한다.

**E** Every international congress would like to provide simultaneous interpretation in sessions.

**R** Каждый международный конгресс заинтересован в обеспечении заседаний синхронным переводом.

**C** 所有国际会议需提供同声传译服务。

아마추어 자원봉사자의 통역보다 통역이 아예 없는것이 더 낫습니다.

**E** Interpretation by volunteer amateurs can be far less desireable than no interpretation at all

**R** Перевод предлагающими свои услуги непрофессионалами может оказаться намного хуже, чем отсутствие перевода.

**C** 由非专业志愿者提供翻译服务倒不如不提供翻译服务。

총회에서 동시통역 요청은 시설이 구비되어 있는지의 여부에 따라 받아들여질 것입니다.

**E** Requests for simulataneous interpretation at plenary meetings will be assessed in the light of the needs of the plenary and the facilities available.

**R** Просьбы о синхронном переводе на пленарных заседаниях будут рассмотрены в зависимости от его необходимости и наличия оборудования.

**C** 根据设备情况，决定在大会上是否提供同声传译服务。

통역사는 회의 전 일정동안 고용해야하며, 모든 일정에 대해 통역사에게 사전에 통지해줘야합니다.

**E** Interpreters should be engaged for the full period of the congress, and should be briefed in advance about all scheduled activities.

**R** Переводчиков следует нанимать на весь период конгресса и заранее информировать их о всех запланированных мероприятиях.

**C** 译员应参与会议全部日程，而且应预先听取已安排好的所有活动信息。

연사는 회의시작 한달 전에 발표내용의 원고를 제출하여 통역사가 발표내용을 숙지하고 준비하도록 해야합니다.

**E** Speakers should be asked to submit a manuscript of their presentation one month prior to the congress for study and use by interpreters.

**R** Докладчиков просят представить рукописи докладов за месяц до начала конгресса для ознакомления с ними переводчиков.

**C** 演讲者必须提前一个月提交演讲稿，帮助翻译事先掌握演讲内容。

회의참석자중에는 두개 혹은 그 이상의 언어사용자가 참석하고 있으므로, 통역이 제공되지 않는 경우 그들에게 도움을 요청할 것을 의장에게 제안할 수 있다.

**E** If interpretation is not provided, suggest to Chairman that they request assistance from the audience which will undoubtedly include a number of bilingual or multilingual participants.

**R** Если перевод не обеспечен, то можно предложить председателям заседаний обратиться за помощью к присутствующим, среди которых обязательно найдутся лица, свободно владеющие двумя и более языками.

**C** 与会者当中有会说两种或两种以上语言的人，因此若不提供翻译服务，可以向主席建议请求他们帮助。

# 회의 관련 서류
## Conference documents

설문지; 양식

| | | |
|---|---|---|
| **questionnaire; form** | анкета | 问卷、表格 |

양식을 작성하다 (완료하다)

| | | |
|---|---|---|
| **to fill (to complete) a form (distinctly)** | заполнить анкету (разборчиво) | 填写（填妥）表格 |

~에 서명하다

| | | |
|---|---|---|
| **to sign a ~** | подписать ~ | 签署 |

양식

| | | |
|---|---|---|
| **form** | бланк | 表格 |

신청서

| | | |
|---|---|---|
| **application ~** | ~ заявления | 申请书 |

예비 신청서

| | | |
|---|---|---|
| **preliminary (advance) application~** | ~ предварительной заявки | 预先申请书 |

~을 대문자로 작성하다

| | | |
|---|---|---|
| **to fill in a ~in block letters (block capitals)** | заполнить ~ печатными буквами | 用大写填写~ |

설문지
questionnaire | вопросник (опросный лист) | 问卷

비자:
visa | виза: | 签证

입국~
entry~ | ~ на въезд | 入境

출국~
exit~ | ~ на выезд | 出境

~를 발급하다
to grant a ~ | выдать визу | 分发

~를 신청하다
to apply for a~ | запросить ~ | 申请~

법적 자문을 요청하다
to request a legal opinion | запросить юридический вопрос | 要求法律咨询

~을 받다
to get a~ | получить ~ | 获得~

문서
document | документ: | 文件

바우처

| voucher | ~, подтверждающий расходы | 证件 |

기밀의

| confidential | конфиденциальный ~ | 机密 |

잘 작성된 문건

| A piece of good draftsmanship | отлично составленный ~ | 草拟得很好的稿子 |

첨부 문서

| appended documents | приложенные документы | 附件 |

~을 증명하다

| to certify~ | заверить ~ | 证明~ |

문서를 고려, 연구, 점검,검토하다

| To consider, study, inspect, scrutinize a document | Изучать, подвергнуть изучению, рассматривать документ | 研究/检查文件 |

문서를 준비, 작성, 편집하다.

| To prepare, draw up, edit a document | Подготавливать, составлять, редактировать документ | 准备、拟定、编辑文件 |

~을 준비하다

| to prepare~ | подготовить ~ | 准备~ |

～에 서명하다

to sign~　　　подписать ~　　　签署~

～를 제출하다

to submit~　　　представить ~　　　提交~

～의 조회번호를 제공하다

to give a reference number to~　　　пронумеровать ~　　　提供档案号

～을 배포하다

to distribute~　　　раздавать ~　　　发布~

서류

documentation　　　документация　　　文件

신청서

application form　　　заявка　　　申请书

"우편으로 보내다/～을 전송하다 (보내다)"

"to mail (to send out)/to wire (to cable) an~"　　　послать заявку по почте/ телеграфом　　　邮寄~、发送~

공지사항

announcement　　　извещение:　　　通知

예비의～

preliminary ~　　　предварительное ~　　　预备性~

사본

copy      копия:      副本

증명된 (사실인)

certified (true)      заверенная ~      被证明的

자격증명서

credentials      мандат      证件

여권

passport      паспорт      护照

유효한

valid~      действительный ~      有效

만료된(유효하지 않은)

invalid~      недействительный ~      到期（失效）

의회소집 초청; 초대장

letter of convocation; invitation      извещение; приглашение      召集会议的函信；邀请函

초대장 수신을 확인하다

to acknowledge the receipt of an invitation      подтвердить получение извещения      确认收到邀请函

~을 수신하다

to receive an~      получить извещение, приглашение      收到

**~을 발송하다**

| to send out an~ | рассылать ~ | 发送~ |

**통보**

| notice | уведомление | 通知 |

**통보하다**

| to notify | уведомлять: | 通知 |

**적시에**

| ~at a reasonable time (in due time) | ~ заблаговременно | 准时，适时 |

**증명서**

| certificate | удостоверение | 证书 |

**증명하다**

| to certify | удостоверять | 证明~ |

**이로써 다음을 증명하다**

| this is to certify that | настоящим удостоверяется, что ... | 兹证明~ |

**회보**

| circular | циркуляр | 通函 |

### 회보를 배포(발송)하다

**to distribute (to send out) circulars**　　раздать (разослать) циркуляры　　发布（发送）通函

### 회보

**circular letter**　　циркулярное письмо　　通函

본 비자는 회의 기간동안에만 유효합니다.

**E** The visa is valid for the term to cover the time of the work of the conference.

**R** Виза действительна на весь срок конференции.

**C** 本签证只在会议期间有效。

관광비자는 해당 여행사를 통하여 받습니다.

**E** A tourist visa is obatained through (mediation of) the corresponding travel firm

**R** Туристическую визу получают через соответствующее бюро путешествий.

**C** 旅游签证由旅行社代办。

총회에 필요한 모든 문서를 준비, 복사 및 배포하는 것이 필수적이었습니다.

**E** It was necessary to prepare, reproduce and distribute all documentation necessary for the plenary's work.

**R** Нужно было подготовить, размножить и разослать всю документацию, необходимую для работы на пленарных заседаниях.

**C** 以前，全体会议所需资料应由我们来准备、复印和发布。

늦어도 6월 13일까지는 대표단이 문서를 볼 수 있어야 합니다.

**E** Documents must be available to delegations at the latest on the 13 June.

**R** Крайний срок подготовки документов для делегаций должен быть 13 июня.

**C** 最晚在6月13日之前文件必须提供给代表团。

문서는 늦어도 11월 14일까지 사무국에 도달해야 합니다.

**E** Documents must reach the secretariat at the latest on the 14 November.

**R** Документы должны поступить в секретариат не позднее чем 14 ноября.

**C** 最晚在11月14日之前文件必须到达秘书处。

시간을 절약하기 위해서는 사전 등록 신청서를 이용하십시오

**E** To save time, use the advance registration.

**R** Для экономии времени используйте анкету предварительной регистрации.

**C** 请填写预先注册申请书以节省时间。

회의 관련 서류

▶ 등록 범주 및 등록비는 사전 등록 신청서 양식에 기재되어 있습니다.
**E** Registration categories and fees are listed in the advance registration form.
**R** Категории участников и взносы указаны на анкете предварительной регистрации.
**C** 注册范围和费用均在预先注册申请书上。

▶ 본회의의 문서는 C양식을 제출하시는 회원에게만 제공될 것입니다.
**E** Congress documents will be available at the Congress only for members returning form C.
**R** Документами конгресса будут обеспечены только те его участники, которые вернули форму C.
**C** 本会议资料只提供给提交C格式的成员们。

▶ 첨부되어 있는 특별양식을 작성하여 최대한 빨리 두 부를 회의 사무국으로 발송하여 주십시오.
**E** A speical form is enclosed which should be completed and returned to the conference department in duplicate, as quickly as possible.
**R** Прилагаемую специальную форму (бланк) следует заполнить и в кратчайшие сроки вернуть в двух экземплярах в комитет конгресса.
**C** 请填写两个附件后尽快寄到会议办公室。

▶ 본 회의의 모든 문서는 문서 배포 사무실에서 배포될 것입니다.
**E** All documents for the session will be distributed from the document distribution desk.
**R** Все документы заседаний раздаются у стола выдачи документов.
**C** 任何会议资料将由资料发布中心发布。

▶ '사전 등록 양식' 참조.
**E** (See also Advance Registration Form)
**R** (См. также Анкету предварительной регистрации в Приложении 1)
**C** 请参照 "预先注册表格"。

# 예문
## Examples

회의 도중에 추가 출판물을 구매할 수 있습니다.

**E** Additional copies may be purchased during the conference.

**R** Дополнительные экземпляры можо будет купить во время конференции.

**C** 在会议进行过程中可以购买出版物。

본회의의 논문집은 출판하지 않을 것입니다.

**E** It is not intended to publish proceedings of the congress.

**R** Труды конгресса издаваться не будут.

**C** 本次会议没有计划发行会议论文集。

교정된 원고를 제출하실때 재판 주문이 가능합니다.

**E** Reprints may be ordered at the time of returning proofs.

**R** Оттиски (репринты) можно заказать при возвращении корректуры.

**C** 提交修改后的稿子时可以申请再版。

발표문은 표시된 여백 이내에 인쇄되어야 합니다.

**E** The papers should be typed within the margins indicated.

**R** Доклады следует печатать, соблюдая указаные поля.

**C** 演讲稿应该印在页面四边的白边以内。

발표문은 최소한의 편집 수정만 거쳐 발행될 것이다.

**E** The papers will be published with only minor editorial changes (amendments).

**R** Доклады будут изданы с минимальными издательскими поправками.

**C** 打印文件时会进行轻微的编辑修改。


옥스포드 대학교 출판부에서 심포지움 회의록을 출판하도록 한다.

**E** The symposium proceedings will be published by Oxford University Press

**R** Труды симпозиума будут опубликованы издательством 〈Оксфорд Ю ниверсити Пресс〉

**C** 会议论文集将由牛津大学出版社来出版。


논문의 개요는 회의 참석자 모두에게 제공된다.

**E** Abstracts of papers will be available to full members at the congress

**R** Полноправные участники получают тезисы докладов во время конгресса.

**C** 向所有与会者提供论文提要。


회의논문집을 조기에 출판할 수 있도록 발표자측에게 발표 직후 회의본부에 완성된 원고를 제출할 것을 요청한다.

**E** In order to make possible early publication, authors are asked to turn in their completed manuscripts to the congress headquarters immediately following presentation.

**R** Для скорейшего осуществления изданий авторов просят представить готовые к изданию рукописи в организационный центр конгресса сразу после доклада.

**C** 为了能够尽早出版会议论文集，演讲人在演讲结束后应立即向会议总部提交最终文稿。

회의 발표집은 회의 전반에 관한 보고, 참가자 목록, 본회의 발표문 및 초청 참가자의 발표문 등으로 구성될 것이다.

**E** A volume of the proceedings will be published consisting of a general account of the congress, a list of members, and the plenary papers as well as those of invited speakers.

**R** Публикация трудов конгресса будет включать общий отчет о работе конгресса, список участников, доклады на пленарных заседаниях, а также доклады приглашенных участников.

**C** 会议论文集将由会议概要、与会者名单、全体会议演讲稿以及特邀演讲嘉宾演讲稿来组成。

회의 전반에 관한 보고와 본 회의 발표전문은 삽화와 함께...의 제목으로 7월 13일까지 출판될 예정이다.

**E** A general review of the congress and the full texts and illustrations of the plenary lectures will be published by 13 July under the tiles⋯

**R** Общий отчет о работе конгресса и полные тексты лекций с иллюстрациями, прочитанных на пленарных заседаниях, будут опубликованы к 13 июля под названием.....

**C** 会议综述、大会演讲文稿全文和插图等将以《...》为题于7月13日出版。

회의 후 출판되는 발표집은 주로 심포지움에서 발표한 논문과 발표전문을 포함한다.

**E** Post-congress proceedings usually contain the full text of symposium papers and lectures.

**R** Труды, изданные после конгресса, обычно содержат полный текст докладов и лекций, прочитанных на симпозиумах.

**C** 会后出版的会议论文集主要内容包括研讨会上发表的论文和演讲文稿。

기한까지 제출되지 않은 원고는 출판되지 않을 것이라는 점을 발표자에게 통지해야 한다.

**E** Authors should be told that any manuscripts not received by the deadline will not be published.

**R** Авторам следует сообщить, что рукописи, полученные после установленного срока, опубликованы не будут.

**C** 应告知演讲人，未能在截至日之前提交的文稿将不予以出版。

참가자가 회의 발표문을 항공우편으로 배송받기를 원할 경우, 등록양식에 이에 대한 의사를 표시해야 하며 회의장에 도착했을 때 해당우편비용을 지불해야 한다.

**E** If registrants wish to have their volumes dispatched by air-mail, they should so indicate on the registration form and they will be charged the appropriate postal rate on arrival at the Conference.

**R** По желанию участников труды конференции могут быть отправлены им авиапочтой ; в этом случае они должны указать это в регистрационной анкетк и по прибытии на конференцию оплатить соответствующие почтовые расходы.

**C** 与会者若要以特快专递方式发送论文，应在注册表格上填写有关内容，并到会场时缴纳邮寄费用。

발표집이 전체 다 출판되지는 않을 것이다.

**E** There will be no publication of full proceedings of the Congress.

**R** Полностью труды конгресса издаваться не будут.

**C** 没有计划出版会议上发表的全部论文。

각 참가자는 발표문이 포함된 회의 출판물을 사전에 받게 될 것이다.

**E** Each participant will receive in advance a copy of the Conference publication containing the texts of the contributions.

**R** Каждный участник заблаговременно получит экземпляр публикаций конференции с текстами докладов, включенных в программу.

**C** 所有与会者都能预先拿到一本包含所有会议投稿的出版物。

▶ 발표 예정된 논문은 인쇄되고, 제본되며, 회의에서 배포된다.

**E** Papers selected for inclusion in the program will be printed, bound and distributed at the time of the conference.

**R** Отобранные для внесения в программу доклады будут отпечатаны, переплетены и розданы во время работы конфереции.

**C** 被选人会议议程的论文将被打印和装订，并在会议上发放。

▶ …까지 회의사무국에 도착하지 못한 원고는 출판될 발표집에 포함되지 않을 것이다.

**E** Those manuscripts which fail to arrive at the organizing centre by… cannot be considered for publication in the proceedings.

**R** Рукописи, не поступившие в организационный центр к……, к публикации в трудах  конференции не принимаются.

**C** 未能在~前到达会议秘书处的文稿不能包括在即将出版的会议论文集中。

▶ 영어로 출판된 발표문이 다른 언어로 출판된 경우보다 더 많은 독자층을 갖는다.

**E** Papers published in English have wider reader coverage than those printed in other languages.

**R** Доклады, изданные на английском языке, имеют более широкий круг читателей, чем доклады, изданные на других языках.

**C** 英文论文与其他语言出版论文相比拥有更广大的读者。

# 서신
## Correspondence

**주소**

| **Address** | адрес: | 地址 |

**발송~**

| **Mailing~** | почтовый ~ | 发送 |

**받는 사람**

| **Addressee** | адресат | 收信人 |

**우편물 수신자 명단**

| **Mailing list** | список адресатов | 邮寄清单 |

**서신교환**

| **Correspondence** | корреспонденция, переписка | 信函交换 |

**서신교환하다**

| **To hold correspondence** | вести переписку | 通信 |

### 편지

| Letter | письмо : | 信件 |

### 등기

| Registered | заказное~ | 挂号信 |

### 보내다

| To send (to post, to mail) | послать ~ | 发送 |

### 소포

| A parcel | посылка | 包裹 |

### 우체국

| Post-office | почта | 邮局 |

### 항공우편

| Airmail | авиапочта | 航空邮件 |

### (~로)송달하다, 발송하다, 보내다

| To mail, to send, to post, to dispatch (by) | отправить (послать) по почте (авиапочтой) | 向~发送、邮寄 |

### 전신

| Telegraph | телеграф | 电信 |

### 전보

| Telegram | телеграмма | 电报 |

서신

### 전보양식을 작성하다

| To fill in a telegram form | заполнить бланк телеграммы | 填写电报单 |

### 전보를 송달하다 (보내다)

| To dispatch a telegram (to send) | послать телеграмму | 发送电报 |

### 텔렉스

| Telex | телекс | 电传 |

### 팩스

| Fax | факс | 传真 |

서기가 서신처리업무를 담당한다.

**E** It is a job of the secretary to deal with correspondence.

**R** Обязанность секретаря – ввести корреспонденцию.

**C** 由秘书负责通信业务。

회의 관련 정보를 받을 수 있도록 메일수신자명단에 제 이름을 넣고 싶습니다.

**E** I'd like to put my name on the mailing list for information concerning the conference.

**R** Мне хотелось бы внести свою фамилию в список адресатов для получения информации о конференции.

**C** 为了收到有关会议的信息，我想在邮件收信人名单上加上我的名字。

회의참가 신청서를 저에게 보내주시겠습니까?

**E** Would you, please, send me an application form to the Conference?

**R** удьте добры прислать мне бланк заявления для участия в конфереции.

**C** 能否给我邮寄一份会议申请表？

신청인은 회의 조직위원회 주소로 참가비를 보낼 수 없습니다.

**E** The applicants are requested not to mail fees to the address of the Organizing Committee of the Congress.

**R** Просьба к подателям заявлений не посылать по почте взносы в адрес Организационного комитета конгресса.

**C** 申请人请勿向会议组织委员会地址邮寄会议注册费。

회의 개최 공고문에 명시되어 있는 등록양식을 작성해 보내주십시오.

**E** Please mail a registration form as set forth in the Conference announcement.

**R** Пожалуйста, отправьте регистрационную анкету по почте, как указано в сообщении о конференции.

**C** 请按会议公告要求的注册格式填写后电邮给我们。

서신

실무팀은 통상적으로 서신교환을 통해 업무를 처리한다.

**E** The current work of working groups is generally carried out by correspondence.

**R** Текущая деятельность рабочих групп обысно осуществляется путем переписки.

**C** 工作组的业务一般通过通信方式进行。


개회식 초대장은 개회식보다 훨씬 앞서서 발송 되어야 한다.

**E** Invitations for the opening session should be mailed well in advance.

**R** приглашения на открытие конгресса должны быть разосланы заблаговременно.

**C** 开幕式邀请函应提前发送。


유럽 외 지역에 거주하는 등록인에게는 항공우편으로 자료를 송달할 수 있다.

**E** The material can be airmailed to registrants residing outside Europe.

**R** Участникам, проживащим за пределами Европы, материал может быть выслан авиапочтой.

**C** 可向居住在欧洲以外地区的注册人通过航空邮件发送资料。


자료는 회의 이전에 등록인에게 송달될 것이다.

**E** The material will be dispatched to registrants prior to the Conference.

**R** Материал будет разослан частникам до начала конференции.

**C** 注册人将在会议召开前受到有关资料。


도착 우편, 메시지 등은 참가자의 메일박스에 보관이 되며 참가자 요청 시에 전달된다.

**E** Incoming mail, messages, etc. are deposited in the participants' mail boxes and delivered on request.

**R** Поступающая почтовая корреспонденция, а также записки и т.п. Раскладываются по почтовым ящикам участников и вручаются им потребованию.

**C** 邮件、讯息等将储存在与会者的信箱里，应要求可发送。

국제적 대표성이 있는 프로그램이 될 수 있도록, 주최국 외의 국가 정부에 대해서도 제목, 연사, 의장에 대한 제안을 하도록 요청한다. 이러한 절차는 서신을 통해 이루어질 수 있다.

**E** To achieve an internationally representative program, authorities outside of the host country should be invited to submit suggestions for titles, speakers, and chairmen. This can be handed through correspondence.

**R** Для обеспечения представительной программы в международных масшиабах следует пригласить авторитетных специалистов из других стран для внесения предложений по темам докладов, докладчикам и кандидатурам на пост председателей. Это может быть осуществлено через переписку.

**C** 为成为国际代表性的会议项目，除东道国以外的所有国家政府应提出有关主题、演讲者、议长等的建议。这些程序可以通过通信方式进行。

호텔 예약서를 동봉하여 …주소로 보내 주십시오.

**E** "We request that you should send the enclosed Hotel Reservation Form to the address of…"

**R** <Просим Вас выслать по указанному адресу приложенную к письму анкету для бронирования номера в гостинице>

**C** 请一并附上酒店预订单，送至~（地址）。

모든 서신은 … 주소로 보내는 것으로 한다.

**E** All correspondence should be addressed to …

**R** Вся переписка должна направляться по адресу….

**C** 所有信件应发到~地址。

회의 조직과 관련된 모든 질문은 …에 해야 한다.

**E** Questions concerning the organization of the Congress should be directed to…

**R** Вопросы, связанные с организацией конгресса, следует направлять по адресу…..

**C** 有关会议组织的问题应向~提问。

# 장소
## Premises

**회의실**

Premises; room       помещение       会议室

**회의실 배치 계획**

Plan of the premises (lecture) room       план помещения       会议室布置计划

**사무국, 부서, 사무실**

Bureau; department; office       бюро :       事务局、部门、办公室

**복사실**

Xerox (photocopying)~       копировальное бюро       打印室

**컴퓨터실**

Computer room(pool)       компьютерное бюро       电脑室

**안내데스크**

Information desk       справочное бюро       资讯服务台

**분실물 센터**

Lost property department       бюро находок       失物招领处

**홍보실**

| | | |
|---|---|---|
| Press-department (bureau) | пресс-бюро | 新闻部 |

**자료배포 데스크**

| | | |
|---|---|---|
| Document distribution desk | бюро распределения материалов (документов) | 资料分发台 |

**행정부서**

| | | |
|---|---|---|
| administrative services | административный отдел | 行政部门 |

**언론담당부서**

| | | |
|---|---|---|
| press department | отдел печати | 新闻处、新闻部门 |

**재무담당실**

| | | |
|---|---|---|
| treasurer's office | казначейство, касса | 财务部门 |

**경리, 회계실**

| | | |
|---|---|---|
| Accountant's office | Финансовый отдел, бухгалтерия | 会计室 |

**(등사판) 인쇄 부서**

| | | |
|---|---|---|
| Mimeographing, roneographing deprartment | Ротаторная, бюро размножения документов | 油印组、印刷部门 |

**서기**

| | | |
|---|---|---|
| Verbatim reporters | Стенографический отдел | 逐字记录员 |

장소

**타자담당부서**

| Typewriting service, pool | Машинописное бюро | 打字组、打字服务部门 |

**공보실**

| Reporting services | Отдел официальных отчетов | 报道部门、报导处 |

**회의록 서기**

| Precis-writer | Составители протоколов, кратких отчетов | 会议记录人员 |

**휴대품 보관소**

| Cloak room | гардероб | 衣帽间 |

**식당**

| Refreshment room | столовая | 餐厅 |

**스낵 바**

| Snack-bar | закусочная | 小吃店 |

**회의장**

| Hall | зал | 会场 |

**회의실을 말끔히 준비하다**

| to order that the hall be cleared | приказать очистить зал | 下令会场里的人退场 |

회의실에 들어갈 수 있다

| to have access to the body of the hall | иметь право на вход в зал | 能进入会场内部 |

회의장

| Conference hall | заи заседаний | 会场 |

(회의실의)수용인원수는~

| The seating capacity of the ~ | вместимость зала | 可容纳人数 |

~명을 수용할 수 있는

| The ~ holds, accommodates, seats… people | зал вмещает........человек | 可容纳~人 |

건물; 회의장소

| Building; house | здание | 大楼，会场 |

부스

| Booth | кабина, будка | 展位 |



접견실

| Hospitality room | комната для гостей | 接待室 |

로비

| Lobby | кулуары | 大堂 |

언어담당부서

**Language department**     отдел переводов     外语负责部门

위원실

**committee room**     помещение для заседаний комитетов     委员室

회의실

**meeting room**     помещение для встреч     会议室

귀빈석

**Distinguished strangers' gallery**     Места для почетных гостей     贵宾席

기자석

**Press gallery**     Места для представителей печати     记者席

방청석

**Public gallery**     Места, галлерея для публики     公众旁听席

회의장은 모든 호텔에서 도보로 5 내지 10분 거리 이내에 위치해 있습니다.

**E** The Congress hall is within 5 to 10 minutes walking distance from any of the hotels.

**R** Зал конгресса нахолится на расстоянии 5-10 минут ходьбы от гостиниц, в которых будут размещены участники.

**C** 从会场到所有酒店有5到10分钟的步行路程。

회의실 인근에 비공식적인 논의를 할 수 있는 편안한 장소가 마련되어야 합니다.

**E** Comfortable areas for informal scientific discussions are essential near the meeting rooms.

**R** Очень важно, чтобы рядом с комнатами для заседаний имелись удобные помещения для неофициальных научных дискуссий.

**C** 会议室附近应该有可以进行非正式讨论的舒适场所。

행사장은 800명의 대표와 500명의 참관인을 수용할 수 있습니다. 또한 6개 언어에 대한 동시통역이 가능하고 슬라이드 프로젝터를 가동할 수 있는 시설이 완비되어 있습니다.

**E** The conference hall can accommodate 800 delegates and 500 observers. It has complete facilities for simultaneous interpretation into six languages and for projecting slide films.

**R** Зал заседаний вмещает 800 делегатов и 500 наблюдателей. Он полностью оборудован для синхронного перевода на шесть языков и для показа слайдов.

**C** 会议室不仅可以容纳800名代表和500名观察员，还备有可以进行6种语言同声传译和放映幻灯片的设施。

본 회의장에는 보도 부스가 마련되어 있으며 본 회의장에서 이루어지는 활동은 건물 내 23개 장소로 생중계됩니다.

**E** There are press booths attached to this hall. Activities in this hall are televised to 23 locations throughout the building.

**R** К залу примыкают кабины для прессы. Работа, происхолящая в этом зале, транслируется по телевидению на 23 помещения в здании.

**C** 本会议室备有播放室，在会议室进行的所有活动向楼内的23个地点直播。

세부 주제에 관한 비공식 논의를 원하는 참가자들을 위해 여러 개의 소규모 회의실이 준비되어 있습니다.

**E** A number of small meeting rooms will be available for those wishing to arrange informal discussions of specialized topics.

**R** Несколько небольших комнат будут предоставлены в распоряжение желающих организовать неофициальные дискуссии по узким темам.

**C** 在小会议室可以就具体的议题进行非正式讨论。


참가자 가족과 손님들이 시간을 보낼 수 있도록 휴게실이 별도로 마련되어 있습니다.

**E** There is a hospitality room where nonscientist family members and guests of registrants may gather informally.

**R** Имеется комната для гостей, в которой члены семей и гости участников могут собираться для неофициального общения.

**C** 另外准备了可以接待与会者家属和客人的休息室。

# 회의실 장비
## Hall equipment

스피커

| | | |
|---|---|---|
| loudspeaker | громкоговоритель | 扬声器、音响 |

슬라이드

| | | |
|---|---|---|
| slide | диапозива ; слайд | 幻灯片 |

슬라이드를 보여주다

| | | |
|---|---|---|
| to show (to demonstrate, to project) slides | показывать диапозитивы (слайды) | 播放幻灯片 |

게시판

| | | |
|---|---|---|
| notice-board; bulletin board; message board | доска объявлений | 通知栏、通告栏 |

게시판에 공지사항을 게재하다

| | | |
|---|---|---|
| to put up an announcement on a notice-board | повесить объявление на доску | 在通告栏上发布通知 |

보도실

| | | |
|---|---|---|
| press booth(room) | кабина (помещение) для прессы | 记者室 |

무대

**platform** | место для президиума | 主席台

접수처

**registration area** | место (помещение) для регистрации | 登记区

포스터 전시장

**poster area** | место (помещение) для размещения стендовых докладов | 海报展示厅

마이크

**microphone (mike)** | микрофон | 麦克风

시각자료

**visual aids** | наглядные пособия | 视觉资料

이어폰

**earphones** | наушники | 耳机

이어폰을 통해 잘 들을 수 있게 하다

**to provide a fair hearing through earphones** | обеспечить хорошую слышимость через~ | 通过耳机使人们听得更清楚。

회의실 장비

**hall (room) equipment (facilities)** | оборудование помещения | 会场设备

### 갖추다
**to equip** | оборудовать | 具备

### 공지
**announcement** | объявление : | 公告，通知

### 비공식 공지
**informal announcement** | неофициальное ~ | 非正式公告

### 시의적절한 공지
**well-timed announcement** | своевременное ~ | 适时的通知

### 포스터
**poster** | плакат | 海报、宣传海报

### 프로젝터. 영사기; 슬라이드 마운트
**projector; slide mount** | проектор | 放映机，幻灯片放映机，投影仪；幻灯片框

### 무선 장비
**radio equipment** | радиооборудование | 无线电设备

### 전송하다. 송신하다
**to transmit** | передавать (транслировать) по радио | 传达, 传送

### 단상, ～대
**stand** | стенд : | 台，栏

회의실 장비

연단

| rostrum | трибуна | 讲台 |

포스터 전시대

| (poster) display (stand) | демонстрационный ~ | 广告栏 |

메시지 데스크

| message desk | стол для передачи сообщений | 留言台 |

안내 데스크

| information desk | стол для справок | 咨询台，服务台 |

연단

| rostrum | трибуна | 讲台 |

앰프. 확성장치

| amplifier | усилитель | 扩音机 |

(서신용) 우편함

| pigeon-hole; letter-box (for correspondence) | ящик (для корреспонденции) | 邮箱 |

우편함에 메시지를 남기다

| to leave a message in a pigeon-hole | оставить записку в ящике для корреспонденции. | 在邮箱留言 |

의사봉, 사회봉

| gavel | молоток | 木槌 |

### 게시판

**notice-board**  доска для обьявлений  公告栏、通知栏、通告栏

245

### 문서보관함

**locker**  шкаф  存物柜、文件柜、置物柜

본 회의장에는 보도실이 마련되어 있습니다.

**E** There are press booths attached to this hall.

**R** Рядом с залом имеются кабины для прессы.

**C** 本会场设有记者室。


이 슬라이드는 초점이 맞지 않습니다.

**E** The slide is out of focus.

**R** слайд не в фокусе

**C** 本幻灯片的焦点不准。


프로젝터를 켜/꺼 주십시오.

**E** Please turn on/off the projector.

**R** Пожалуйста, включите / выключите проектор.

**C** 请打开/关上幻灯机


발표 순서에 맞춰 각 슬라이드에 번호를 매겨 주십시오.

**E** Number each slide clearly in sequence of presentation.

**R** Четко пронумеруйте слайды в порядке их демонстрации.

**C** 请按发表顺序在各个幻灯片上编号。


이전 슬라이드를 다시 보여 주시겠습니까?

**E** Would you, please, project the previous slide once again?

**R** Покажите, пожалуйста, предыдущий слайд ещё раз.

**C** 请返回上一张幻灯片。


슬라이드 재생시 투사가 중요하므로 연사는 제공되는 프로젝터가 어떤 타입인지 사전에 숙지해야 합니다.

**E** Projection is of prime importance in the slide session, and speakers must know in advance the types of projectors to be provided.

**R** Во время демонстрации слайдов особенно важно обеспечить качество изображения, и докладчики должы знать заренее типы предоставляемых в их распоряжение проекторов.

**C** 播放幻灯片时，投射效果很重要，因此演讲者应该事先熟知幻灯机的种类。

각 언어당 두 명의 통역사와 한 개의 통역 부스가 필요합니다.

**E** Two interpreters and one interpretation booth will be needed for each language.

**R** Для каждого языка будут нужны два переводчика и одна кабина для перевода.

**C** 每个语言需要两名翻译和一个翻译箱。

대표단이 연설 시 사용할 수 있도록 연단이나 지면에서 높은 곳에 위치한 책상이 마련되어 있는 것이 좋습니다.

**E** It is advisable to have a rostrum — or raised desk — for the use of delegates wishing to speak.

**R** Целесообразно иметь трибуну для делегатов, желающих выступить.

**C** 最好为要演讲的代表准备好讲台或位置较高的桌子。

종종 연단이 무대 아래에 설치되어 있는 것을 선호하는 대표단도 있습니다.

**E** A rostrum situated below the platform is often preferred by delegates.

**R** Делегаты предпочитают, чтобы трибуна (кафедра) располагалась ниже уровня президиума.

**C** 有的代表希望在主席台下方设置讲台。

오후내내 자료가 전시 될 예정이며, 자료 작성자는 오후 2시 20분부터 5시 30분까지 전시장을 지켜주시기 바랍니다.

**E** The material will be on display throughout the afternoon and the author is asked to attend the stand from 14.20 to 17.30 hrs.

**R** Этот материал будет представлен во второй половине лня, и авторов просят дежурить у стендов с 14.20 до 17.30.

**C** 下午有资料展示会，请作者于下午2点20分到5点30分参加展示会。

포스터 전시장에서 참가자들은 전시내용에 대해 작성자와 직접 토론할 수 있습니다.

**E** In the poster area for papers participants have the opportunity of talking directly with the author about his work.

**R** В помещении для стендовых докладов участники имеют возможность побеседовать непосредственно с автором о его работе.

**C** 参展者可以在海报展示厅里与作家就作品直接进行讨论。


포스터 전시를 위해 테이블, 전시용 보드, 양면 테이프, 크기 조절이 가능한 알루미늄 이젤에 설치된 화이트보드가 제공됩니다.

**E** Poster displays are provided with the following equipment: a table, a display board, a double-sided tape, a white surfaced writing board mounted on a telescopic aluminium easel.

**R** Помещения для стендовых докладов обеспечиваются следующим оборудованием : столом, дисплеем, двухдорожечной пленкой, письменной доской с белой поверхностью, смонтированной на раздвижной алюминиевой подставке.

**C** 为展示海报提供如下用品：桌子、展示板、双面胶带、放置在可调铝支架上的白板。


안내와 메시지 전달을 위한 데스크가 호텔 로비 접수처에 마련되어 있습니다.

**E** An information and message desk will be in the registration area on the lobby level of the hotel.

**R** Стол для справок и передачи сообщений находится при бюро регистрации в вестибюле гостиницы.

**C** 酒店大堂报名处设有咨询台。


예약 티켓은 접수처에서 수령하실 수 있습니다.

**E** Reserved tickets will be held in the registration area.

**R** Забронированные билеты находятся в помещении для рагистрации.

**C** 在登记处可领取预订票。

공지사항은 회의도중에 전달하지 않고 게시판에 게재됩니다.

**E** Sessions will not be interrupted to deliver messages, but they will be posted on the message board.

**R** Заседания не должны прерываться для сообщения информации; она будет вывешиваться на доске объявлений.

**C** 会议进行中不得打断会议，信息将通过公告栏传达。

접수기간동안 한 명 이상의 통역사가 회의장 근처에 배치됩니다.

**E** One or more interpreters should be stationed at a location adjacent to the Congress information desk during all registration hours.

**R** В течение всего периода регистрации наободимо иметь одного или двух переводчиков рядом с бюро информации конгресса.

**C** 报名期间在咨询台安排一名或一名以上的翻译人员。

접수처는 호텔 로비에 위치합니다.

**E** The registration area will be located in the lobby of the hotel.

**R** Регистрация будет проходить в вестибюле гостиницы.

**C** 登记处将设在酒店大堂。

일체의 행사용 자료는 호텔 입구에서 배포될 예정입니다.

**E** All documents for the session will be distributed in the foyer of the hotel.

**R** Все документы, относящиеся к (очередному) заседанию, будут раздаваться в фойе гостиницы.

**C** 所有会议资料将在酒店门口发放。

# 회의 참석자 도착과 출발
## Arrival and departure of guests

**수하물**

luggage; baggage | багаж | 行李

**휴대용 수하물**

hand luggage | ручной ~ | 手提行李

**운반**

porterage | доставка (переноска) багажа | 搬运

**(도착시) 회의**

meeting (upon arrival) | встреча (при приезде) | 会议(抵达后)

**회의 목적으로**

to meet | встречать | 为了进行会议

**출발**

departure | отъезд | 出发

**출발예정일**

(probable) date of departure | (предполагаемая) дата отъезда | （预计）出发日期

**출발하다**

to leave; to depart | отъезжать ; уезжать | 出发

**이동**

transportation | перевозка | 移动

**도착하다**

to arrive | прибывать : | 来到~、到达~

**도시에 도착하다**

to arrive in a city (at a town) | ~ в город | 到达~城市

**회의장에 도착하다**

to arrive at a conference | ~ на конференцию | 到达~会场，参加~会议

**도착**

arrival | прибытие, заезд | 到达~

**도착예정일**

(prpbable) date of arrival | (предполагаемая) дата прибытия, заезда | （预期）抵达日期

**배웅**

seeing off | проводы | 送行

**배웅하다/ 배웅 차**

to see off | провожать | 送行，送行车辆

**비행편**

| flight | рейс | 飞机 |

**전세기**

| charter flight | спецрейс | 包机 |

**교통**

| transport | транспорт | 交通 |

행사일 당일 또는 폐막일 이전에 출발하려는 참석자는 해당 양식에 출발일을 기입해서 제출해야 합니다.

**E** Members who intend to leave on or before the last day of the Conference are asked to give details of their departure dates on the information form.

**R** участников, уезжающих в последний день конференции или накануне, просят указать подробные сведения о дате отъезда в информационной анкете.

**C** 会议结束日之前出发的与会者应在信息表标明出发日。

회의 참석자는 오전중에 공항행 버스에 짐을 가지고 탑승할 수 있습니다.

**E** Congress buses will be available during the morning to transport members and their luggage to the airport.

**R** В утренние часы в распоряжении участников конгресса будут автобусы для доставки делегатов и их багажа в аэропорт.

**C** 与会者可利用在上午开往机场的大巴，并可搭载行李。

참석자는 주최측에서 마련한 안내소에서 도착과 출발 절차, 환전, 기차 예약 등을 처리할 수 있습니다.

**E** At the information desk in the organizing centre, guests from abroad may arrange arrival and departure formalities, money exchange and reservations on trains.

**R** Иностранные гости могут оформить приезд и отъезд, произвести обмен валюты и заказать билеты на поезд в бюроо информации организационного центра.

**C** 主办方所设置的信息服务台提供到达、出发、外币兑换及订火车票等服务。

회의 주최국 측에서 모든 참석자에게 공항에서 호텔, 또는 회의 장소 왕복 그리고 출발일에 공항으로 이동하는 교통편을 제공합니다.

**E** The host government will provide transportation for all participants from airport to hotels, to and from Conference centre and to the airport on departure.

**R** Правительство принимающей страны обеспечит прервозку всех участников из аэропорта в гостиницы , в центр проведения конференции и обратно, а также в аэропорт в день отъезда.

**C** 东道国向所有与会者提供从机场到酒店、从会议中心出发去机场的交通工具。

공항 또는 시내에서 이용할 수 있는 교통편에 대한 일체의 정보는 호텔 로비에 구비되어 있습니다.

**E** Complete information about transportation from airports and within the city is available in the hotel lobby.

**R** Полная информация о работе транспорта из аэропортов и по городу имеется в холле гостиницы.

**C** 在酒店大堂可获得机场或市内的交通信息。

# 회의 참석자 숙박
## Accomodation for guests

**양식서**

| | | |
|---|---|---|
| card; form | бланк; форма | 文件、表格 |

**호텔 투숙을 위한 서류 작성**

| | | |
|---|---|---|
| to fill in a hotel accommodation form | заполнить бланк проживающего в гостинице | 填写酒店入住单 |

**호텔**

| | | |
|---|---|---|
| hotel | гостиница | 酒店 |

**숙박유형**

| | | |
|---|---|---|
| accommodation category | категория гостиницы | 酒店住宿类型 |

**(호텔)급**

| | | |
|---|---|---|
| (class) | класс | （酒店）级别 |

**숙박**

| | | |
|---|---|---|
| ~accommodation | место в гостинице | 酒店住宿 |

**예약**

| | | |
|---|---|---|
| ~reservation | бронирование места в ~ | 预订酒店 |

### 서비스
| | | |
|---|---|---|
| ~service | гостиничное обслуживание | 酒店服务 |

### 희망 숙박 형태를 기입하다
| | | |
|---|---|---|
| to specify nature of accommodation desired | назвать (указать) желаемую категорию гостиницы | 详细填写住宿要求 |

### 호텔 체크인
| | | |
|---|---|---|
| to check in | поселиться в гостинице | 入住 |

### 호텔 체크아웃
| | | |
|---|---|---|
| to check out | убыть из гостиницы | 退房 |

### 호텔 룸
| | | |
|---|---|---|
| (hotel) room: | номер (в гостинице) | 酒店客房 |

### 더블(트윈베드)
| | | |
|---|---|---|
| double (twin-bedded)~ | ~ на двоих | 双人间（双人床） |

### 싱글룸
| | | |
|---|---|---|
| single~ | ~ на одного | 单人间 |

### 욕실 완비 싱글룸
| | | |
|---|---|---|
| ~with a private bath | ~ с ванной | 单人间配有独立淋浴室 |

샤워시설 완비 싱글룸

| ~with a private shower-bath | ~ с душем | 配有独立浴室 |

개인 세면대가 있는싱글룸

| ~with a private wash-stand | ~ умывальником | 单人间配有独立洗脸台 |

~에 요금을 부과한다

| charge for a~ | плата за гостиницу | 收~费 |

~을 예약한다

| to reserve (to book) a~ | бронировать (заказывать) ~ | 预订~ |

~에 대한 요금을 지불하다

| to pay for a~ | платить за ~ | 缴纳~费用 |

~을 ~에 투숙시키다

| to accommodate smb in a~ | предоставить к.-л. ~ | 让~住宿在~ |

룸을 ~와 같이 쓰다

| to share a ~ with smb | проживать с к.-л. в одном номере | 跟~共用房间 |

호스텔, 기숙사

| hostels;dormitory | общежитие | 青年旅舍、宿舍 |

**(참가자에게) 숙박을 마련해주다**

| | | |
|---|---|---|
| **to accommodate (participants)** | **разместить (участников)** | **(向与会者)提供住宿** |

**(참가자를 위한) 숙박시설**

| | | |
|---|---|---|
| **accommodation (for participants):** | **размещение (участников)** | **（为与会者提供的）住宿设施** |

**호스텔에(기숙사에)**

| | | |
|---|---|---|
| **in a hostels (a dormitory)** | **в общежитии** | **在青年旅舍（宿舍）** |

숙박과 식사 예약에 관한 사항은 서류에 나와 있습니다.
- **E** Reservation for accommodation and meals must be made as indicated in the form.
- **R** Бронирование гостиницы и заказ на питание нужно осуществлять, как указано в аспекте.
- **C** 有关预订住宿和用餐的信息请参考文件。

숙박 예약은 캠퍼스 내 레지던스 홀에서 할 수 있습니다.
- **E** Accommodation may be reserved on the campus in the halls of residence.
- **R** Место для проживания можно забронировать в жилых помещениях на территории университета.
- **C** 可在校内的学生宿舍楼预订住宿。

시내에서 숙박을 하고 싶습니다.
- **E** I would like to have accommodation within the town.
- **R** Желательно проживание в гостинице в черте города.
- **C** 我想在市区内住宿。

학생들을 위한 호스텔에 숙박하고 싶습니다.
- **E** I prefer accommodation in a students' hostel.
- **R** Предпочитаю размещение в студенческом общежитии.
- **C** 我想在青年旅舍住宿。

호텔 투숙을 선호하시는 분들은 대학 근처에 많이 있는 호텔을 이용할 수 있습니다.
- **E** For those who prefer hotel accommodation, there are a number of suitable hotels close to University.
- **R** Для желающих разместиться в гостинице имеется ряд удобных гостиниц недалеко от университета.
- **C** 选择在酒店住宿时，大学附近有众多酒店可选择。

주최측은 하룻밤 숙박 편의를 제공해 드리지 못하는 점에 대해 안타깝게 생각합니다.

**E** The Organizing Committee regrets that it is not possible to arrange accommodation for single nights.

**R** Организационный комитет с сожалением вынужден сообщить, что не имеет возможности предоставить номер в гостинице на одну ночь.

**C** 主办方对不能提供住宿感到非常抱歉。

호텔 예약은 호텔 측에 직접 의뢰하셔야 합니다.

**E** Booking arrangements must be made directly with the hotel chosen.

**R** Бронирование номера необходимо сделать одновременно с выбором гостиницы.

**C** 预订酒店时，请与酒店直接联系。

싱글룸과 다른 분과 함께 쓸 수 있는 더블룸이 마련되어있습니다.

**E** Single rooms and double rooms to share are available.

**R** В гостинице имеются одноместные номера и места в нескольких двухместных номерах.

**C** 有单人间和可与他人共用的双人间。

대학 내 레지던스 숙박은 싱글룸과 트윈베드 룸 두 종류가 있습니다.

**E** Residential accommodation is available at the University, in single or twin bedded rooms.

**R** В университете имеются одноместные и двухместные комнаты для проживания.

**C** 大学校内住宿包括单人间和双人间（两张单人床）两种。

방 예약을 원하는 참가자들은 가능한 빨리 예약 서류를 작성하여 제출하셔야 합니다.

**E** Participants wishing to book rooms are requested to complete and return the registration form as quickly as possible.

**R** Участников, желающих забронировать номера, просят заполнить и вернуть регистрационный бланк как можно скорее.

**C** 预订客房的与会者请尽快填妥交回预订表格。


룸 서비스에는 비누와 타월 제공, 침대 정리 및 청소가 포함됩니다.

**E** Room service will include provision of soap, towels, bed-making and cleaning.

**R** В обслуживание номера входит наличие мыла, полотенец, уборка постелей и номера.

**C** 客房服务包括提供香皂、毛巾、整理床铺及打扫房间。


참가자들은 방이 부족한 경우 트윈 베드룸을 함께 쓸 의향이 있는지 여부를 예약 서류에 표시해야 합니다.

**E** Participants are asked to indicate on the registration form whether they would be willing to share twin-bedded accommodation if rooms become limited.

**R** Участников просят указать в регистрационном бланке, согласны ли они проживать в двухместном номере в случае нехватки одноместных номеров.

**C** 填写预订表格时请标明若客房不足时与会者是否愿意与他人共用双人间（两张单人床）。


저녁 식사, 침대 사용, 아침 및 점심식사를 포함하는 개인별 숙박 요금은 다음과 같습니다.

**E** The charges per person for accommodation, which include an evening meal, bed, breakfast and lunch are as follows:…

**R** Стоимость проживания одного человека, включая ужин, номер или место в номере, завтрак и обед, составляет: …

**C** 包括早、中、晚餐及床铺等在内的个人住宿费用如下：

호텔 예약을 한 이후에 회의에 참석할 수 없는 상황이 발생한 경우, 숙박 안내소(또는 호텔)로 서신 또는 전화로 예약을 취소할 수 있습니다.

**E** If you have made a hotel reservation and find that you cannot attend the meeting, write to the Housing Bureau (or call the hotel) and cancel.

**R** Если вы забронировали номер в гостинице, но не сможете участвовать в работе конференции, напишите в Бюро по размещению или позвоните в гостиницу и аннулируйте заказ.

**C** 若预订酒店后不能参加会议时，请以书面形式向住宿资讯中心（或酒店）要求取消预订。

(호텔 예약 서류 참고)

**E** (See also Hotel Reservation Form)

**R** (См. также Бланк на бронирование номера в гостинице )

**C** (请参考酒店预订信息)

# 회의 편의시설 및 서비스
## Amenities and Services



스낵 바, 식당

| | | |
|---|---|---|
| **Snack-bar; refreshment room** | буфет | 茶点室、餐厅 |

안내소(센터)

| | | |
|---|---|---|
| **Information desk (center)** | бюро информации | 咨询台（中心） |

〜에 관한 정보를 참가자에게 제공하다.

| | | |
|---|---|---|
| **to provide participants with information about (on)…** | обеспечивать участников информацией о(по) … | 向与会者提供有关~的信息 |

여행 관련 서비스

| | | |
|---|---|---|
| **travel service** | туристическая помощь | 旅游服务 |

의료 지원(서비스, 도움)

| | | |
|---|---|---|
| **medical aid (service, assistance)** | медицинская помощь | 医疗救护（服务、协助） |

의료 지원을 요구하다.

| | | |
|---|---|---|
| **to require medical aid** | нуждаться в медицинской помощи оказывать медицинскую помощь | 要求医疗救护 |

～을 제공하다.

| to render (to give)~ | предоставлять | 提供~ |

주차 공간

| car parking space | место для стоянки автомашин | 停车场 |

환전

| exchange operations | обмен валюты | 外汇兑换服务 |

～을 처리하다.

| to handle an~ | осуществлять ~ | 处理~ |

서비스

| service | обслуживание | 服务 |

～이 참가자들에게 서비스를 제공하다

| the participants are served by... | обслуживанием участников занимается ... | 与会者可享受~服务 |

서비스 제공 장소

| service station (point) | пункт обслуживания | 服务站 |

～을 제공하다.

| to provide~ | обеспечить обслуживанием | 提供~ |

음식을 공급하다

| to cater for | обслуживать (о ресторане и т.п.) | 提供餐饮 |

교통편

| **transportation** | перевозка | 交通工具 |

식사

| **meals** | питание | 饭、膳食 |

1일 2식

| **two~daily** | ежедневное двухразовое ~ | 一天两顿饭 |

~을 제공하다.

| **to provide~** | организовать ~ | 提供~ |

우체국

| **post-office** | почтовое отделение | 邮局 |

은행 출장소

| **banking agency** | представительство банка | 银行办事处 |

택시(서비스)

| **taxi (service)** | (служба) такси | 出租车（服务） |

구내 매점

| **canteen** | столовая | 小卖部 |

매표소

| **box-office** | театральная касса | 售票处 |

#### 교통편

transport:　　　　транспорт:　　　　交通

#### 버스

coach　　　　автобус　　　　公交车

#### 셔틀버스

shuttle-bus　　　　автобус-челнок　　　　班车

참가자는 호텔 로비에 있는 우체국에서 우표를 구입할 수 있으며, 편지를 부치거나 전보를 보낼 수 있습니다.

**E** At the post-office counter situated in the foyer of the hotel participants may buy stamps, submit mail for posting and dispatch telegrams.

**R** Участники могут купить марки, отправить корреспонденцию и послать телеграмму в почтовом отделении, расположенном в фойе гостиницы.

**C** 与会者可在酒店大堂的邮局购买邮票、邮信并发电报。

은행 출장소는 일요일을 제외하고 매일 오전 8시 30분에서 10사이에 이용가능하며, 회의 참가자들은 이곳에서 환전업무와 기타은행업무를 볼 수 있습니다.

**E** A banking agency will be operated daily to handle all exchange operations and banking transactions of participants between 8:30 and 10 a.m. except Sunday.

**R** Ежедневно, кроме воскресенья, с 8.30 до 10.00 работает отделение банка для обмена валюты и осуществления банковских операций.

**C** 除星期天之外，每天上午8点半到10点，与会者可在银行办事处享受汇兑等银行服务。

1층에 있는 스낵바는 매일 자정까지 운영되며. 이곳에서 이용한 음식과 음료의 비용은 본인 부담입니다.

**E** A snack-bar on the first floor will be open each day until mid-night to provide food and beverages at the expense of delegates.

**R** Буфет, распроложенный на первом этаже, где можно купить еду и напитки за свои деньги, будет открыть ежедневно до 12 часов ночи.

**C** 位于一楼的小吃店每天开到晚上12点，在这里购买的食品和饮料应由自己来支付。

참가자는 ~에서 의료서비스를 이용할 수 있습니다..

**E** Medical assistance will be available to participants at…

**R** Медицинское обслуживание участников будет организовано в …

**C** 与会者可在~（地方）接受医疗服务。

▶ 의료 진찰 예약은 안내데스크에서 할 수 있습니다.

**E** An appointment to see the doctor can be made through the information desk.

**R** Записаться на прием к врачу можно в справочном бюро.

**C** 可在医院咨询处预约看病。

▶ 참가자는 또한 지역 보건소를이용할 수 있습니다.

**E** Participants can also contact the local health center.

**R** Участники могут также обратиться за медицинской помощью в местную поликлинику.

**C** 与会者可以利用社区卫生中心。

▶ 저녁식사 시간은 오후 5시에서 6시 15분까지 입니다.

**E** Evening meal of residents is at 17.00-18.15 hrs.

**R** Организовано вечернее питание для проживающих в гостинице с 17.00 до 18.15.

**C** 晚餐时间从下午5点至6点15分。

▶ 공항과 철도역에서 택시를 이용할 수 있으며, 몇몇 지역 택시 회사의 전화번호도 이용가능 합니다.

**E** Taxis serve the airport and the railway station and the telephone numbers of some local taxi companies are listed.

**R** Такси обслуживают аэропорт и железнодорожный вокзал; приводятся телефоны некоторых местных служб такси.

**C** 在机场和火车站可以乘坐出租车，也可查询社区出租车公司的电话号码。

▶ 참가자들을 위한 공항 이동 버스가 마련되어 있습니다.

**E** Coaches have been arranged to take participants to the airport.

**R** Организована перевозка участников до аэропорта автобусами.

**C** 已安排好大巴，把与会者送到机场。

주차 공간이 마련되어 있으니 이용 희망자는 등록 양식에 기재해 주시기 바랍니다.

**E** Car parking space is available and those wishing to take advantage of this facility are requested so to indicate on the registration form.

**R** Имеются места на стоянке автомашин; желающих воспользоваться данной услугой просят указать об этом в регистрационной анкете.

**C** 我们提供停车位，希望使用停车位时，请在报名表上标明。

회의기간 중 주간부터 저녁시간까지 특별 셔틀버스가 호텔 간 운행됩니다.

**E** Special shuttle-buses will operate between the hotels throughout the daytime and into the evening hours during the meeting

**R** Специальные рейсовые автобусы будут курсировать между гостиницами в течение дня и вечером во время заседаний.

**C** 会议期间，班车全天往返于各个酒店。

회의등록비를 지불한 참가자에 대해서는 각 세션에 참석할 수 있는 자격과, 회의자료, 그리고 오전과 오후에 다과가 제공됩니다..

**E** The Conference fees entitle registrants to attend the Conference sessions, to receive a copy of the Conference publication, and include the provision of morning and afternoon refreshments.

**R** Регистрационные взносы дают право участникам присутствовать на заседаниях конференции, получить один экземпляр публикаций конференции, а также включают стоимость утреннего и дневного питания.

**C** 缴纳参会注册费用的与会者可以参加各专场会议，获得会议论文集，并可享受上午和下午的茶点服务。

회의중 행사와 시설에 관한 정보에는 등록 장소와 업무 시간, 안내데스크, 통역사무소, 통신센터, 입장권 판매, 행사, 만찬장, 교통편 예약, 관광, 사무국, 분실물 센터, 우체국, 외환은행, 휴게실, 팁, 전화번호, 호텔체크아웃 시간 등이 포함됩니다.

**E** Full details of all aspects of Congress activities and facilities include location and hours for registration, information desk, interpreter desk, message center, ticket sales, social funcions, dining facilities, transportation arrangements, tours, secertariat, lost and found department, post-office, foreign exchange banks, hospitality center, tipping customs, and telephone numbers and check-out hours of hotels.

**R** Подробная информация о мероприятиях, связанных с конференцией, и предоставляемых услугах включает сведения о месте и времени регистрации участников, справочном бюро, бюро переводчиков, бюро по передаче сообщений (писем и т.п.), продаже билетов, общественных мероприятиях, организации питания, транспорта, экскурсий, а также о секретариате, отделе находок, почте, банке по обмену валюты, месте проведения дружеских встреч, о чаевых, о книге телефонных номеров и о времени оплаты за гостиницу при выезде из нее.

**C** 有关会议的详细信息包括：签到地点和时间、服务台、翻译台、信息中心、售票、社交活动、宴会地点、交通车辆安排情况、参观、秘书处、失物招领处、邮局、外汇银行、休息室、小费、电话号码以及退房时间等。

# 문화행사 프로그램
## Tour and sideline-events



▶ 만찬

banquet　　　　　　банкет　　　　　　宴会、晚宴

▶ 티켓

ticket　　　　　　билет　　　　　　票

▶ ～를 예약하다

to reserve(to book) a~　　　　　　заказать ~　　　　　　预订

▶ 관광지

places of interest; sights　　　　　　достопримечательности　　旅游景点
　　　　　　　　　　　　　　　　　(города)

▶ 관광

sightseeing　　　　　　осмотр　　　　　　观光
　　　　　　　　достопримечательностей

▶ 관광하다

to go sightseeing　　　　　　осматривать　　　　　　观光, 旅游
　　　　　　　　достопримечательности

도서 전시판매

**book-display sale**　　　выставка-продажа книг　　　图书展销

박물관

**museum**　　　музей　　　博物馆

～을 방문하다

**visit to a~**　　　посещение музея　　　访问~

관광:

**tour:**　　　поездка (экскурсия):　　　参观/旅游

회의이전, ～중, ～이후

**pre-, mid-, and post-conference**　　　~ до, во время и после конференции　　　会前、会中、会后

리셉션:

**reception:**　　　прием:　　　招待会

공식

**official~**　　　официальный ~　　　正式~，官方~

국가(대규모)～

**state(grand)~**　　　торжественный ~　　　国家（大型）

～에 참석하다

**to attend a~**　　　присутствовать в (на) ~　　　出席~, 参加~

~를 주최하다

to hold a~　　　устроить (дать) прием　　　主办~

리셉션 행사

receptional activities　　　приём　　　招待会活动

레크리에이션 프로그램

recreation programme　　　программа отдыха　　　娱乐活动

문화 프로그램

cultural programme　　　культурная программа　　　文化项目，文化节目

사교행사

social programme; social events　　　программа общественно-культурных мероприятий　　　社交活动

문화 프로그램을 주선하다

to arrange a cultural programme　　　составить культурную программу　　　安排文化项目

극장 및 콘서트

theatres and concerts　　　театры и концерты　　　剧场及音乐会

연극 티켓을 예약하다

to book tickets for a theatrical performance　　　заказать билеты в театр заранее　　　预购话剧票

문화행사 프로그램

관광

| tour | тур (поездка) | 参观、旅游 |

~를 구입(예약)하다

| to purchase (to reserve) a ~ | купить ~ | 购买（预定） |

여행:

| travel: | туризм: | 旅游： |

외국~

| foreign~ | иностранный ~ | 外国~，国外~ |

관광(여행)사

| travel (tourist) agnecy | туристическая фирма (бюро путешествий) | 旅行社 |

여행사를 통해

| through (the mediation of) a travel agency | при посредничестве туристической фирмы | 通过旅行社安排 |

여행: 관광:

| excursion; tour: | экскурсия (туристическая поездка; турне): | 旅游：观光： |

버스

| bus~ | автобусная ~ | 乘大巴~ |

무료(무임)~

| | | |
|---|---|---|
| free (of charge)~ | бесплатная ~ | 免费~ |

패키지 관광

| | | |
|---|---|---|
| package~ | комплексная туристическая ~ | 包价旅游 |

관광여행

| | | |
|---|---|---|
| sightseeing~ | ~ по осмотру достопримечательностей | 观光~ |

여행일정

| | | |
|---|---|---|
| itinerary | маршрут (план) экскурсии | 旅游行程 |

여행계획을 취소하다

| | | |
|---|---|---|
| to cancel an excursion | аннулировать экскурсию | 取消旅游计划 |

여행가다

| | | |
|---|---|---|
| to go on an excursion | поехать на экскурсию | 去旅游 |

회의 폐막이후 관광을 하다

| | | |
|---|---|---|
| to take a tour following the conference | совершить туристическую поездку после конференции | 会议结束后去旅游 |

전국 여행을 하다

| | | |
|---|---|---|
| to tour in (through, about) the country | совершить поездку по стране | 周游全国 |

관광 기회를 제공하다

**to offer every opportunity for excursions**     создавать условия для экскурсии     提供旅游机会

관광버스;

**excursion bus;**     экскурсионный автобус     旅游巴士

참가자의 가족이나 손님들을 위한 동반자 프로그램은 회의의 성공을 위한 필수적인 요소 중 하나입니다

**E** A social program for non-scientist family members and guests of registrants is one of basice ingredients to the creation of an environment of a successful congress.

**R** Одним из основных компонентов, создающих благоприятную атмосферу конгресса, является культурная программа для членов семьи и гостей, приглашенных участниками.

**C** 为与会者家属及客人安排的社交活动是会议成功的必要条件之一。

회의를 통해 참가국간에 우정을 다지고 주최국의 문화를 즐길 수 있는 좋은 기회가 될 수 있습니다.

**E** A congress carries the expectation of renewing and expanding friendships and of enjoying the cultural life of the host country.

**R** Конгресс создает предпосылки для возобновления и расширения дружеских контактов и знакомства с культурной жизнью принимающей страны.

**C** 我希望以本次会议为契机加强交流、增进友谊，并享受东道国的文化生活。

리셉션에서 정장차림은 의무사항이 아닙니다.

**E** Formal dress at the reception is optional.

**R** Официальная (вечерняя) форма одежды на приеме не обязательна.

**C** 在招待会上可以不着正装。

정회원은 모든 사교행사에 무료로 참가할 수 있습니다.

**E** Active members may take part in all cultural activities of the Congress free of charge.

**R** Полноправные участники конгресса принимают участие во всех культурных мероприятиях конгресса бесплатно.

**C** 正式会员可以免费参加所有社交活动。

관광회사에서 통역 가이드가 동행하는 버스여행 스케줄을 편성했습니다.

**E** The tourist agency has scheduled bus excursions with a guide interpreter.

**R** Туристическое агентство организовало автобусные экскурсии с гидом—переводчиком.

**C** 旅行社安排了由导游译员陪同的巴士游览。


사교 및 문화행사 관련하여 특별교통편이 제공됩니다.

**E** Special transportation facilities will be provided in connection with social and cultural events.

**R** Для проведения общественно—культурных мероприятий будет выделен специальный транспорт.

**C** 为社交及文化活动提供特别交通工具。


회의의 일환으로 제공되는 관광프로그램외에도 세션에 참가하지 않는 분들을 위해 지역사회의 특별프로그램도 마련될 것입니다.

**E** In addition to the Congress tours a number of special local activities will be arranged for those not wishing to attend the scientific sessions.

**R** Помимо запланированных конгрессом экскурсий будет организовано несколько местных мероприятий для тех, кто не хочет присутствовать на научных заседаниях.

**C** 除了会议正式安排的参观活动之外，还将为不参加专场会议的代表安排社区专题活动。


동반가족이나 관심있는 회의참가자들을 위해 다양한 사교 및 문화행사가 마련될 것입니다.

**E** Social events of various types and a cultural programme for accompanying family members and other interested Congress participants will be prepared.

**R** Будет подготовлена разнообразная программа общественно—культурных мероприятий для членов семей участников конгресса и других лиц, интересующихся данными мероприятиями.

**C** 为与会代表家属以及有关心的与会者将要安排多种多样的社交及文化活动。

회의 참가자와 동반자를 위한 관광프로그램이 준비될 예정입니다.

**E** Sightseeing tours will be arranged for the Congress participants and accompanying persons.

**R** Для участников конгресса и сопровождающих лиц будут организованы экскурсии по городу

**C** 我们将为与会者及其偕行人安排观光旅游活动。

문화행사프로그램

회의 중 참가자간의 친목도모와 휴식을 위한 사교프로그램이 준비되어 있습니다.

**E** Social events are planned during the Congress to allow for individual contacts and relaxation.

**R** Во время конгресса планируются общественные мероприятия для установления личных контактов и отдыха.

**C** 会议期间为与会者安排了可以增进交流和休息放松的社交活动。

회의와 관련된 도서전시가 있을 것입니다.

**E** In conjuction with the conference a book display will be arranged.

**R** В связи с проведением конференции будет организована выставка книг.

**C** 将举行与会议有关的图书展览会。

다양한 시사관련도서가 판매될 것입니다.

**E** An extensive range of topical books will be on sale.

**R** В продажу поступит широкий ассортимент тематических книг.

**C** 将销售各种时事类书籍。

온종일 혹은 반종일의 실험실 탐방 혹은 관광계획을 잡을 경우에는 회의가 끝날 무렵이 아닌 중간으로 일정을 잡아 참가자수가 줄어들지 않도록 합니다.

**E** If a free day or half day is set aside for laboratory and sightseeing tours, schedule this in the middle of the Congress and not near the end, if attendance is to be maintained.

**R** Если планируется свободный день сии нелоный лень для осмотра лабораторий или достопримечательностей города, рекомендуется отвести день в середине, а не в конце работы конгресса, чтобы обеспечить необходимое число участников.

**C** 若要安排一天或半天的实验室考擦活动及观光活动，应安排在会期中间而非会期即将结束的时候，以防止参加人数的减少。

회의 참가자들이 사교프로그램을 통해 주최도시와 주최국의 문화를 접하고 상호 친목을 도모하는 좋은 기회가 될것입니다.

**E** A social program will introduce registrants to cultural aspects of the host city and country and will also provide meaningful opportunities for registrants to become personally acquainted.

**R** Программа общественно-культурных мероприятий познакомит участников с культурной жизнью страны и города-устроителя конференции, а также предоставит возможность для личного знакомства участников.

**C** 参与社交活动将为与会者了解会议东道主城市和国家文化并增进友谊提供重要的机会。

관광 티켓은 해당 일자 전날 정오이전에 받아가셔야 합니다.

**E** Tickets must be picked up by noon of the day preceding the tour.

**R** Билеты нужно получить за день до экскурсии до 12 часов дня.

**C** 须在参观活动前一天中午之前领取旅游券。

회의 만찬은 ~에서 수요일에 열릴 예정입니다. 티켓가격은 …이며, 티켓 구매시 와인과
기타 주류를 제공됩니다. 누구나 참가 할 수 있으며 정장착용하지 않으셔도 됩니다.

**E** A conference banquet will be held at… on Wednesday. Tickets are available at a cost of… each inclusive of wine and a liqueur. Guests will be welcome. Dress will be informal.

**R** Банкет состоится в … (место) в среду. Цена билета, включая стоимость вина и крепких напитков, … . Будем рады принять гостей. Форма одежды неофициальная.

**C** 大会晚宴将于周三在~举行。费用为~, 向购买门票的人赠送红红酒和餐后甜酒。任何人都可参加晚宴, 可穿便服。

만찬 참가희망자는 원하는 분은 등록 양식에 표시해주시기 바랍니다.

**E** Delegates wishing to attend the banquet are asked to indicate their requirements on the registration form.

**R** Делегатов, желающих принять участие в банкете, просят указать свои пожелания в регистрационной карточке.

**C** 愿意参加晚宴的人请在报名表上标记。

박물관 입장 예약티켓수가 한정되어있으니 미리 신청하시길 바랍니다.

**E** A limited number of tickets have been reserved for the museum and early application is advised.

**R** Так как число билетов в этот музей ограничено, советуем заказывать их заблаговременно.

**C** 由于博物馆预定门票数量有限, 请提前申请。

회의 참가자 대상 리셉션은 월요일에 있습니다.

**E** A reception for Conference participants will be given on Monday.

**R** Прием для участников конференции состоится в понедельник.

**C** 周一举行与会者招待会。

회의 시작에 앞서 주말 리셉션에 회의 참가자와 동반자를 초대합니다.

**E** Conference participants and their guests are offered a social weekend prior to the commencement of the Conference.

**R** Для участников и гостей конференции предлагается программа общественных мероприятий на конец недели перед началом работы конференции.

**C** 会议正式开始之前，邀请大家参加在周末召开的接待会。

공식리셉션 일정은 오후 7시45분부터 8시 45분까지 입니다.

**E** An official reception is scheduled for 19.45-20.45 hrs.

**R** Официальный прием планируется на время с 19.45 до 20.45.

**C** 正式招待会从下午7点45分到8点45分进行。

1회 관광프로그램 참가 최대정원은 24명입니다.

**E** Maximum number in a tour is 24.

**R** Максимальное число участников экскурсии - 24 человека.

**C** 一次旅游活动名额限于24人。

# 재정 사안
## Financial issues

통화:

| currency: | валюта: | 货币： |

환전가능통화(달러, 유로, 엔)

| convertible (hard)~ | свободно конвертируемая ~ | 可兑换外币（美元、欧元、日元） |

현지~

| in local~ | в местной валюте | 本地 |

비용; 회비

| fee; dues | взнос: | 费用；会费 |

신청~

| enrolment~ | вступительный ~ | 申请~ |

등록~

| registration~ | регистрационный ~ | 注册/登记~ |

멤버십~

| membership~ | членский ~ | 会员身份~ |

요금 영수증

| fee receipt | квитанция об уплате взноса | 费用收据 |

송금

| remittance | перевод ~ | ~汇款 |

～를 환불 받다

| to refund (to reimburse) a~ | возвратить взносы | 接受~退款 |

～의 ～를 지불하다

| to pay one's~ | оплатить ~ | 交付/支付~ |

～의 수령사실을 통보하다

| to acknowledge the receipt of a ~ | подтвердить получение взноса | 通知已领取~ |

～를 우편으로 보내다(～를 송금하다)

| to mail (to remit) the~ | посылать взнос по почте | 邮寄（汇款）） |

등록비를 정하다

| to establish a registration fee | установить регистрационный взнос | 决定注册费金额 |

지폐

| banknotes | денежные знаки | 钞票 |

**회계**

| treasurer | казначей | 会计 |

**소액현금**

| petty cash | мелкие суммы | 小额现金 |

**현지통화**

| in local currency | местной валютой | 当地货币 |

**~에 대한 요금**

| charge for~ | плата за | ~的费用 |

**회비**

| dues | взнос | 会费 |

**비용, 지출**

| expenses; expenditure: | расходы: | 费用，支出 |

**현금~**

| current~ | текущие ~ | 现金 |

**여행비용 환불**

| refunding of travel expenses | возмещение путевых расходов | 退还差旅费 |

재<br>정<br>사<br>안

회의 개최국내에서 소득세 면제

free of income tax in the country in which the conference is held | без взимания налогов в стране созыва конференции | 在东道国境内可免所得税

모든 비용 지불완료

all expenses are paid | все расходы оплачиваются | 已支所有费用

보조금

grant | субсидия | 补贴

계좌

account | счет (банковский) | 账户

총 경비 지불 완료

all expenses paid | все расходы оплачиваются, на всем готовом | 已付费用

회의비용으로

at the expense of the conference | за счет конференции | 以会议费用~

재정사안(문제)

financial affairs (matters) | финансовые дела (операции) | 财政事务/财政问题

재정거래 책임을 지다

to be responsible for the financial transactions | быть ответственным за ведение финансовых операций | 负责财务交易

**재정업무 취급하다**

| to transact financial business | вести финансовые дела | 办理金融业务 |

**재정위원회:**

| finance commmittee: | финансовая комиссия: | 财政委员会 |

상임~

| standing~ | постоянная ~ | 常任 ~ |

**재정지원**

| financial support | финансовая помощь | 金融支援 / 金融援助 |

**재정상태(상황)**

| financial position (situation) | финансовое положение | 财务状况 |

**기금:**

| fund: | фонд: | 基金： |

**예비~**

| reserve ~ | резервный ~ | 准备~ |

**수표**

| cheque | чек | 支票 |

▸ 학생 등록비는 7달러입니다.

**E** The registration fee will be $7 for students.

**R** Регистрационный взнос для студентов - 7 долларов.

**C** 学生注册时须缴纳7美元。

▸ 2000년도의 참가비 수익은 불확실 합니다.

**E** The income from registration fees during 2000 is far from certain.

**R** Сумма поступлений от регистрационных взносов за 2000 г. Пока не ясна.

**C** 2000年注册费收入不明确。

▸ 재무 위원회는 총회 참가 등록비로 미화 120달러를 제안했습니다.

**E** The finance committee proposed that the registration fee for the plenary meeting be US $120.00.

**R** Финансовый комите тпредложил установить регистрационный взнос за участие в пленарном заседании в размере 120 долларов США.

**C** 财务委员会建议将大会注册费定为120美元。

▸ D교수는 2000년도 수입지출장부에 주석을 달았습니다.

**E** Prof. D . commented on the document containing the statements of income and expenditure for 2000.

**R** Проф. Д. прокомментировал документ, содержащий положения о поступлениях и расходах в 2000 г.

**C** D教授为2000年度收支账簿做了注释。

▸ 회계담당자는 정기적으로 조직위원회에 재무상태를 보고해야 합니다.

**E** The treasurer must keep the Organizing Committee regularly informed of the financial position.

**R** Казначей должен регулярно информировать Оргкомитет о его финансовом положении.

**C** 会计负责人须定期向组织委员会报告财务状况。

예비금에 많은 지원금이 들어와 2013년도의 재무상황은 개선될 전망입니다.

**E** The financial picture for 2013 was improved by a generous grant to the reserve fund.

**R** Финансовое положение в 2013 г. улучшилось благодаря щедрой субсидии в резервный фонд.

**C** 因足够的准备资金，2013年的财务情况将有所好转。

사무국에서는 우편요금 등의 지출항목으로 소액현금이 필요할 것입니다

**E** The secertary will need petty cash for current expenses such as postage, etc.

**R** Секретарю будут нужны небольшие наличные суммы на текущие расходы, такие, как почтовые расходы и др.

**C** 秘书处将需要小额现金来支付邮费等经常费用。

회의참가를 위해 재정지원을 받은 과학자 명단은 다음과 같습니다.

**E** A list of scientists to whom financial support was granted in order to enable them to attend the Congress is given below.

**R** Ниже приводится список ученых, которым была оказана финансовая помощь для участия в конгрессе.

**C** 获得财政支援而出席会议的科学家如下：

회계담당자는 모든 재무 업무가 원활하게 진행되도록 할 책임이 있습니다.

**E** The treasurer is responsible for the proper transaction of all financial business.

**R** Казначей несет ответственность за правильное ведение финансовых дел.

**C** 会计有责任保障所有财务业务能够顺利进行。

재무위원회는 수령한 참가비 전액을 회의 개최 비용으로 지출하자는 제안을 했습니다.

**E** Th finance committee proposed that the totality of collected fees be retained to defray the cost of the meeting.

**R** Финансовый комитет предложил использовать всю сумму собранных взносов на оплату расходов по проведению конференции (встречи).

**C** 财务委员会建议将已收取的全部注册费用于会议筹办费用。

▶ 등록비용은 회의 …은행 계좌 번호…으로 송금해야 합니다.

**E** Registration fees should be remitted to the account of the Congress, No… at the …bank.

**R** Регистрационные взносы следует переводить по почте на счет конгресса No… в … банке.

**C** 注册费用须汇至~银行，账号为~。


신청서양식은 2월 10일 전 까지 우편으로 발송해야 합니다. 3월 10일 이후에 수취한 신청 취소에 대해서는 환불이 불가능 합니다.

**E** Forms must be postmarked before February 10. No refunds will be made for cancellations received after March 10.

**R** Анкеты должны быть отправлены по почте до 10 февраля. В случае получения отказа от участия в конференции позднее 10 марта вступительный взнос не возвращается.

**C** 应在2月10日前(以邮戳为准)邮寄提交报名表。若3月10日后取消申请，恕不退款。


▶ 회의 간행물은 수표, 현금 또는 우편환으로 구매할 수 있습니다.

**E** Payments for conference publication can be made by cheque, money or postal orders.

**R** Оплата опубликованных трудов конференции может производиться чеком, наличными деньгами или почтовым переводом.

**C** 可以支票、现金、邮汇的方式购买会议论文集。


일인당 청구비용(석식비, 숙박비, 조식비, 박물관 티켓비용, 승합차 이용비용, 입장비, 중 식비를 포함한)은 아래와 같습니다.

**E** The charge per person (including dinner, bed and breakfast, a ticket to the museum, coach charges, entrance fees and lunch) is the following… .

**R** Плата за одного участника (включая банкет, место в гостинице и завтрак, билет в музей, оплату проезда в экскурсионном автобусе, вступительный взнос и ланч) составляет … .

**C** 每人可报销的费用（晚餐、住宿费、早餐、博物馆费用、马车费、门票以及午餐）如下：

참가자는 모든 서비스 비용을 환전가능통화로 지불해야합니다.

**E** Participants pay for all services ordered in any convertible currency.

**R** Участники оплачивают все индивидуально заказываемые услуги в любой конвертируемой валюте.

**C** 与会者须用可兑换货币支付所有费用。

추후 등록비는 회의 본부에서 등록시 지불할 수 있습니다.

**E** After this data the fees will be accepted during registration at the Congress office.

**R** После указанной даты взносы будут приниматься во время регистрации в Оргкомитете конгресса.

**C** 以后与会者可到会议办公室缴纳报名费。

…이후 등록비를 지불한 참가자들은 회의 공식 명부에 명기되지 않을 수 있습니다.

**E** Participants paying later than… cannot expect to appear in the official Congress papers.

**R** При поступлении взносов позднее … (дата) участники не могут рассчитывать на то, что их фамилии будут внесены в официальные документы конгресса.

**C** 在~以后注册的与会者可能不在官方会议的资料上。

등록비에는 회의 문건, 자료집, 다양한 행사 참가비를 포함합니다.

**E** The fee covers the cost of the Congress papers, the proceedings of ther Congress, and participational events.

**R** В регистрационный взнос входит стоимость документов и печатных трудов конгресса, а также участие в разнообразных мероприятиях.

**C** 注册费包括会议资料、会议论文集以及多种活动的费用。

등록비를 라이프치히 외환은행 조직위원회 계좌번호 …로 이체해 주시기 바랍니다.

**E** We ask you to transfer the registration fee to the Organizing Committee's current account No⋯ at the Foreign Trade Bank, Leipzig.

**R** Регистрационные взносы просим перечислять в Оргкомитет на текущий счет No. ... Банка внешней торговли г. Лейпцига.

**C** 请将注册费转账到组委会在莱比锡外汇银行开设的账户。

등록비는 계좌⋯로 은행 송금환을 통해 지불해야 합니다.

**E** Fees must be paid by bank transfer into the account No⋯ .

**R** Взносы должны производиться банковским перечислением на счет No. ...

**C** 费用应转账到~。

모든 지불은 경화로 이루어져야 합니다.

**E** All payments must be made in hard currency.

**R** Все денежные операции должны производиться в твердой валюте.

**C** 一切费用应用硬币支付。

환불은 회의 개최이전에 참가취소를 했을 때만 가능합니다.

**E** Refunds will only be made in case of cancellation prior to the Congress.

**R** Возврат взноса возможен только в случае получения отказа от участия до начала работы конгресса.

**C** 只有在会议开始之前取消参会时才可退还注册费。

# 문건
## Documents

**기본 서류**

**Basic documents** | основные документы | 主要文件

**헌법**

**constitution** | конституция, устав | 宪法

**설립법**

**constituent act** | учредительный акт | 组织法

**최종 법안**

**final act** | заключительный акт | 最终决议

**헌장**

**charter** | устав (ООН) | 宪章

**규약**

**covenant** | пакт, договор | 盟约

**조약**

**treaty** | договор | 条约

법령, 헌법
statutes, constitution | устав, конституция | 法律法规、宪法

조약, 협정
convention | конвенция | 条约、公约

선언문
declaration | декларация | 宣言

추가 의정서
additional protocol | дополнительный протокол | 附加议定书

협약(양자간, 다자간)
agreement (bilateral, multilateral) | соглашение(двусторонн ее, многостороннее) | 协议（双边协议、多边协议）

의정서
protocol | протокол | 议定书

법규, 규정
code | кодекс | 法规、规范

규칙, 내무 규정, 조례(부칙)
rules, standing orders, bylaws | правила, регламент | 规则、议事规程、条例

의사 규칙, 내부 규정
rules of procedure, internal regulations | правила процедуры, внутреннего распорядка | 议事规则、内部规章

임시 규칙

provisional regulations | временные правила | 暂行条例

직원 규칙

staff regulations | правила персонала | 员工规章制度

금융 규제

financial regulations | финансовый регламент | 金融监管

위임 사항

terms of reference | мандат, компетенция | 职权范围

결의안

resolutions | резолюции | 决议案

기타 다른 사안

(any) other business | прочие вопросы | 其他问题

프로그램

programme of work | программа работы | 工作方案

일별 회의 일정

daily programme of meetings | ежедневное расписание заседаний | 会议日程表

일정표

| time-table, schedule | расписание | 日程表、时间表 |

결의안

| resolution | резолюция | 决议案 |

결의안 초안

| draft (joint) resolution | (совместный) проект резолюции | 决议草案 |

초안

| first draft, preliminary draft | первый, предварительный проект | 草案 |

대안

| alternative (counter-) proposal | контр-проект | 备选方案 |

추천

| recommendation | рекомендация | 推荐 |

메모

| memoranda | записки | 备忘录 |

추가

| addition | добавление | 追加、附加 |

### 추가 조항

**rider**      дополнительная статья      补充条款

### 부속 문서

**appended documents**      приложенные документы      附件、附属文件

### 표, 도표

**table**      таблица      图表

### 개요표

**synoptic table**      синоптическая таблица      一览表，概括表

### 다이어그램, 차트, 그래프

**diagram, chart, graph**      диаграмма, график      图表

### 통계

**statistics**      статистика      统计

### 각서, 제안서

**memorandum**      меморандум      备忘录

### 비망록, 외교 각서

**aide-memoire**      меморандум, записка      备忘录、外交备忘录

조사 보고서

| working paper | рабочий документ | 工作报告 |

메모

| note | записка, нота | 注解、附注 |

조사

| survey | обзор | 调查 |

성명

| statement | сообщение, заявление | 声明 |

추상적인

| abstract | конспект, резюме, сводка | 抽象的 |

자문 의견

| advisory opinion | совещательное мнение, консультативные заключения (суда) | 顾问意见 |

논평, 견해

| comment, commetary | пояснение, комментарий | 评论 |

문서에 참조번호를 할당하다

| to give a reference number to a document | дать номер, индекс документу | 给文件编号 |

문서 분류

| classification of documents | классификация документов | 档案分类 |

**기밀 문서**

| | | |
|---|---|---|
| confidential document | конфеденциальный, секретный документ | 机密文件 |

**사문서**

| | | |
|---|---|---|
| private document | частный документ | 私人文件 |

**기록보관소**

| | | |
|---|---|---|
| archives | архив | 档案室 |

**회의록, 공보, 보도자료, 기록**

| | | |
|---|---|---|
| minutes, bulletins, press releases, records | протоколы, бюллетени, сообщения, отчеты | 会议纪要、公告、新闻稿、记录 |

**회의록을 작성하다**

| | | |
|---|---|---|
| to keep,to draw up the minutes | вести протокол, отчет | 编写会议记录 |

**회의록에 기록하다**

| | | |
|---|---|---|
| to place on record in the minutes | записать в протокол | 载入会议纪要 |

**증명 정본**

| | | |
|---|---|---|
| certified true copy | заверенная копия | 证明原件 |

**공고**

| | | |
|---|---|---|
| (daily) bulletin | (ежедневный) бюллетень | 通讯，通知，公告 |

문건

회의 공식일지

**official journal of the conference** | официальный бюллетень конференции | 会议的官方公报

회의 공식기록

**official record of conference** | акты, официальные отчеты конференции | 会议的官方纪录

공동성명서

**press release, communique** | сообщение для прессы, коммюнике | 新闻稿、公报

회람장

**circular letter** | циркуляр | 通知、传阅文件

대표단에게 회람장을 돌리다

**to circularize delegations** | разослать циркуляр делегациям | 向代表团传达通知

기록

**record** | официальные отчеты | 记录

요약 기록

**summary record** | краткий отчет | 摘要记录

축어적 기록

**verbatim record** | полный, стенографический отчет | 逐字纪录

**대표자 명단**

| list of delegates | список делегатов | 代表团名单 |

**연사 명단**

| list of speakers | список ораторов | 演讲嘉宾名单 |

**리스트를 정하다**

| to draw up, to fix, to establish a list | составить, установить список | 制定名单 |

**방배치 계획**

| plan of the premises showing the allocation of rooms | план здания и распределение залов | 房间分配计划 |

**문서 하위항목**

| subdivision of a document | подразделения документа | 文件子标题 |

**장부 1, 2**

| book 1, 2 | часть 1, 2 | 簿册1、2 |

**장**

| chapter | глава | 章 |

**절**

section | раздел | 节

**조**

article, section | статья | 条

**항**

subsection, paragraph | параграф, пункт | 款

**호**

subparagraph | абзац | 项

**목**

sub-sub-paragraph | подпараграф, подпункт | 目

**부칙**

subsection, subheading | заголовок | 附则

**결렬**

breakdown | разбивка документа | 破裂

**전문**

preamble | преамбула | 全文

**동기**

motivation | изложение мотивов | 动机

상세전문

**recitals**　　　　　декларативная часть　　　　鉴于条款

주요부분, 실질조항

**operative part,**　　　оперативная,　　　　　主要部分、实质条款
**substantive provisions**　резолютивная часть

각주

**footnote**　　　　　подстрочное　　　　　注脚
　　　　　　　　　примечание, сноска

여백 기록

**marginal note**　　　заметка, примечание на　旁注
　　　　　　　　　полях

상호참조

**cross-reference**　　перекрестная ссылка　　相互参照

제목

**heading**　　　　　заглавие　　　　　　标题，题目

부제목

**subheading**　　　　подзаголовок　　　　副标题

부록

**appendix**　　　　　приложение　　　　　附录

문건

### 부속문서

| annex | добавление, приложение | 附表 |

### 양식

| form | бланк, форма | 格式 |

### 설문지

| questionnaire | вопросник | 调查问卷 |

### 사본

| copy | экземпляр | 复印件 |

### 청사진, 원본

| blueprint, master copy | точная копия, светокопия подлинника | 蓝图，原件 |

### 사본

| duplicate | копия | 副本 |

### 정서본

| fair copy | чистовая копия, чистовой экземпляр | 校正本 |

### 끝에서 두번째

| penultimate, last but one | предпоследний | 倒数第二 |

### 끝에서 세번째

| antepenultimate, last but two | третий с конца | 倒数第三 |

밑에서 3줄

**3 lines from the bottom**    **в 3-ей строчке снизу**    **倒数第三行**

페이지 앞면

**obverse, front side of the page**    **лицевая сторона, лицевая страница**    **正面**

뒷면에, 뒷장

**overleaf, back side of the page**    **оборотная сторона**    **背面**

참조번호

**reference number**    **номер, индекс, символ**    **参考号码**

일련번호

**serial number**    **серийный номер**    **编号**

의무조항

**mandatory provision**    **обязательные положения**    **强制性规定**

선택조항

**permissive (optional) provision**    **факультативные, необязательные положения**    **可选条款**

표준약관

**standard clause**    **стандартные статьи**    **标准条款**

**면책조항**

| escape clause | пункт договора, освобождающий сторону от обязательств | 免责条款 |

**제한적/전체, 배부**

| restricted, general distribution | ограниченное, общее распределение, рассылка | 限量/全部分发 |

**문서배부 보장**

| to ensure the distribution of documents | обеспечить распределен-ие документов по устан-овленной схеме | 确保文件分发 |

▸ 1975년 8월 1일 헬싱키에서 유럽안보협력회의 최종 의정서가 채택되었다.

**E** "~adopted the final protocol from Conference on Security and Cooperation in Europe which was held in Helsinki on August 1, 1975."

**R** Заключительный акт Совещания по безопасности и сотрудничеству в Европе принят 1 августа 1975 года в г. Хельсинки.

**C** 1975年8月1日在赫尔辛基举行的欧洲安全与合作组织会议通过了《赫尔辛基最终议定书》。

▸ 독-소 불가침 조약 비밀부속의정서

**E** Treaty of Non-Aggression between Germany and the Soviet Union

**R** Секретный дополнительный протокол к договору о ненападении между Германией и Советским Союзом.

**C** 苏德互不侵犯条约

▸ 규정 제 10항에 의거하여 2009년 위원회 제12차 정기총회에서 자체 의사규칙을 채택했다.

**E** Under the Provison 10, the rules of order was adopted in the 12th regular general meeting in 2009.

**R** В соответствии со Статьей 10 своего Устава в 2009 году на двенадцатой очередной сессии Комиссия утвердила собственные правила процедуры.

**C** 根据第十条规定，在2009年第十二届委员会定期大会上制定议事规则。

▸ 본 금융규제는 아직까지 다른 기관의 활동에 적용가능하도록 개정되지 않았다.

**E** This financial regulation has not been changed yet to be applicable for the other organizations' activities.

**R** С тех пор ее финансовый регламент не обновлялся в целях приведения в соответствие с деятельностью других организации.

**C** 此项金融监管条款尚未修改，因此不能适用于其他机构的活动。

유엔 헌장 7조에 의거하여, 유엔 회원국 모두는 UN안전보장이사회 결의안을 이행해야 한다.

**E** Under the Chapter 7 of the U.N. Charter, all U.N. members must comply with the resolution from the U.N. security council.

**R** Резолюции СБ, принимаемые в соответствии с главой VII Устава ООН, обязательны для исполнения всеми членами ООН.

**C** 根据联合国宪章第7章规定，所有成员国有义务遵守联合国安理会的决议案。

의회에서 외무부는 의사기록과 업무 진행을 공지했다.

**E** The Ministry of Forein Affairs made announcements of record proceedings and task progress in the parliament.

**R** На конгрессе вёл протоколы и информировал МИД о ходе работ.

**C** 在会议上外交部公布了会议记要和工作内容。

관광안내소 서비스에 관한  정보나 참가자들을 위한 기타 안내사항은 회의 공식 브로슈어에 게재 될 것이다.

**E** Guidelines for participants and  information about tourist information centers will be published in the offical brochures

**R** Информация об услугах бюро путешествий и любых других услугах для участников будет опубликована в Официальном бюллетене Конференции.

**C** 旅游咨询站信息或参会者所需的其他信息将载入会议简介。

인권운동가들은 비극적인 사건이 되풀이 되지 않도록 당국에 속히 이에 대한 공식 보고와 해명을 호소했다.

**E** The human rights activists appealed to the government to make sure that this tragedy will not happen again through thorough investigation and official report.

**R** Правозащитники призывают власти как можно скорее опубликовать официальный отчет и комментарии к нему, чтобы не допустить повторения трагических событий.

**C** 为了防止悲剧事件重演，人权运动人士呼吁有关当局应迅速对此做出正式报告和解释。

# 개정, 추가조항, 교정
## Amendments, addenda, corrigenda

### 개정안

| | | |
|---|---|---|
| amendment | поправка | 修改、修订 |

### 개정안의 수정

| | | |
|---|---|---|
| amendment to an amendment | поправка к поправке | 对修改案进行修正 |

### 중요한 개정

| | | |
|---|---|---|
| consequential amendment | поправка, вызываемая другой поправкой | 相应修改案 |

### 변경

| | | |
|---|---|---|
| Alteration | изменение | 变更 |

### 부가,첨가

| | | |
|---|---|---|
| addition | добавление | 附加、添加 |

### 삽입

| | | |
|---|---|---|
| insertion | вставка | 插入 |

삭제

| deletion | исключение, изъятие | 删除 |

추가조항, 별첨

| addendum, addenda | дополнение, добавление | 附录 |

오기를 바로잡다.

| to correct a clerical mistake | исправить, поправить опечатку, ошибку | 纠正错误 |

정오표

| corrigendum, corrigenda | поправки, список опечаток | 勘误表 |

시정하다; 수정하다

| to rectify | исправить | 校正、纠正 |

시정; 수정

| rectification | исправление | 校正、纠正 |

보완하다; 보충하다

| to supplement | дополнить, пополнить | 补充 |

텍스트간에 일관성을 유지하다

| to secure conformity between the texts | обеспечить согласованность текстов | 保持原文的统一性 |

"전체 또는 부분적으로 텍스트를 재생산하다."

| to reproduce a text in full or in part | воспроизвести полностью текст; воспроизвести частично, часть... | 复制全部或部分内容 |

재생, 복제

| reproduction, duplication | воспроизведение, размножение | 复制 |

원문

| original text | первоначальный текст | 原文 |

교정본, 교정쇄

| proofs, galley proofs | гранки, корректурные оттиски | 质量检测、校样 |

이론을 다소 수정했다.

**E** A few slight rectifications of theory were made.

**R** В теорию были внесены некоторые небольшие исправления

**C** 对理论稍作修改。

이사회의 결정에 근거하여 수정사항이 추가되었다.

**E** Alterations were introduced on the basis of the decision of the Board of Directors.

**R** Изменения внесены на основании решения Совета Директоров.

**C** 按照董事会的决定作出变更。

미국측은 자국의 대표단이 애초의 문건과 정부 관계자의 몇가지 제안사항을 받아들이기 어려웠다고 말했다.

**E** The representative of the United States said that her delegation had difficulties with both the original text and some of the proposals made by governmental representatives.

**R** Представитель Соединенных Штатов заявила, что ее делегация испытывает трудности как с первоначальным текстом, так и с некоторыми предложениями, внесенными представителями правительств.

**C** 美方表示美方代表团难以接受最初的文件和政府有关人士的几点建议。

이러한 요청은 당국소관 사항이며, 많은 불법행위들이 시정되었다.

**E** These requests are dealt with by the authorities and many irregularities had been rectified.

**R** Эти запросы рассматриваются властями, и многие нарушения ликвидируются.

**C** 此类要求由当局处理，并已纠正众多违规行为。

대표단은 비엔나 회의에 대한 예산 지원부족을 우려하면서도 이 상황이 향후 2년간 좋아질 것이라고 확신했다.

**E** The delegation was concerned by the underbudgeting for conference services in Vienna, and trusted that the situation would be rectified in future bienniums.

**R** Делегация обеспокоена недостаточным финансированием конференционного обслуживания в Вене и надеется, что в течение будущих двухгодичных периодов это положение будет исправлено.

**C** 代表团对维也纳会议的预算不足表示忧虑，但同时相信今后两年内情况会有所好转。

# 국제조약
## International instrument

**계약 당사자, 체결국**

| the contracting parties | договаривающиеся стороны | 缔约方、缔约国 |

**협정 당사자, 체결국**

| to be a party to a convention | быть участником конвенции | 缔约方、缔约国 |

**협정 서명인, 조인국**

| signatory to a convention | (страна) подписавшая конвенцию | 签约方、签约国 |

**가조인하다**

| to initial | парафировать | 草签 |

**입법 조치**

| legislative action | законодательные мероприятия | 立法 |

**규제**

| regulations | регулирования | 法规 |

#### 조항의 적용 범위

| | | |
|---|---|---|
| scope of provision | охват, сфера применения (этих) положений | 条款范围 |

#### 협정에 가입하다

| | | |
|---|---|---|
| to adhere to, to a convention | присоединиться к конвенции | 加入协定 |

#### 가입

| | | |
|---|---|---|
| accession | присоединение | 加入 |

#### 협정을 비준하다

| | | |
|---|---|---|
| to ratify a convention | ратифицировать конвенцию | 通过协定 |

#### 유보조건이 있는 (없는)

| | | |
|---|---|---|
| with (without) reservations | с оговорками (безоговорочно) | （没）有保留条件 |

#### 가입증서

| | | |
|---|---|---|
| instrument of acceptance | грамота о принятии | 接受书 |

#### 비준증서를 보관하다

| | | |
|---|---|---|
| to deposit the instrument of ratification | сдать ратификационные грамоты на хранение | 保管批准证明 |

#### 각 국은 ~협정을 서명(조인) 및 가입할 수 있다

| | | |
|---|---|---|
| the ... remains open to all states for signature and acceptance | все государства имеют возможность подписать ... или присоединиться к ... | 各国可签署并承认~协定 |

조약을 등록하다

**to register a treaty** | зарегистрировать договор | 注册条约

원본을 기록보관소에 보관하다

**to deposit the authentic text in the archives** | сдать оригинал в архив | 将原文保管在档案室

발효되다

**to come into force, into operation** | войти, вступать в силу, в действие | 生效

협정이 발효되다

**to apply, to put into effect a convention** | осуществлять конвенцию, ввести ее в силу | 协定生效

협정의 조항을 이행하다

**to implement the provisions of a convention** | выполнять, осуществлять положения конвенции | 实行协定条款

(협정의) 발효 초기

**initial term (of a convention)** | первоначальный срок действия конвенции | （协定）生效初期

조항을 위배하다

**to infringe the provisions** | нарушать положения | 违反条款规定

저촉, 위반

**infringement** | нарушение | 抵触、违反

계약 당사자가 당해 비용을 부담할 것으로 기대해서는 안된다

**E** The contracting parties could not be expected to meet such costs

**R** Рассчитывать на то, что договаривающиеся стороны будут покрывать такого рода расходы, не следует.

**C** 不应期待缔约各方缔约当年即负担相应的费用。


특정 문건 공표가 용납할 수 없고 이해 불가능한 이유로 지체 되고 있어 총회는 당해 사안에 대한 심의를 연기할 수 밖에 없었으며 아울러 입법 조치 또한 취할 수 밖에 없었다.

**E** The inadmissible and incomprehensible delay in issuing certain documents had forced the General Assembly to postpone consideration of the matter and prevented it from taking legislative action.

**R** Недопустимая и непонятная задержка в выпуске определенных документов заставила Генеральную Ассамблею отложить рассмотрение этого вопроса и помешало ей принять директивное решение/ предпринять законодательные мероприятия.

**C** 特定文件由于难以接受和无法理解的理由被延误了制定，大会不仅不得不延迟对当年提案的审议，而且无法进行立法工作。


이탈리아는 예외조항을 포함시키는 것이 조항의 적용 범위를 확대시킴에도 불구하고 이의를 제기하지 않았다

**E** Italy had no objection to the inclusion of a saving clause, even if it enlarged the scope of the provision.

**R** Италия не возражает против включения какой-либо защитительной оговорки, даже если такая оговорка расширит сферу действий данного положения.

**C** 虽然例外条款会导致扩大条款范围，但是意大利还是没有提出任何异议。

유보조건이 마련되었음에도 불구하고 이번 제의는 관심을 끌지 못한다.

**E** Even with this reservation, the proposition does not seem attractive.

**R** Даже с такой оговоркой сделанное предположение не представляется привлекательным.

**C** 虽然有保留条件，但仍对此次提议没有兴趣。


저작권 침해 일체는 행정위반으로 간주된다.

**E** Any copyright infringement is now considered an administrative violation.

**R** Любое нарушение авторского права теперь считается административным нарушением.

**C** 侵犯著作权的一切行为被视为行政违规行为。